草根傳播與鄉村記憶

徐 國 源 著

現代文學研究叢刊

文史哲出版社印行

國家圖書館出版品預行編目資料

草根傳播與鄉村記憶 / 徐國源著. -- 初版. --
臺北市：文史哲, 民 94
　頁：　公分. -- (現代文學研究叢刊; 20)
含參考書目
ISBN 957-549-643-4 (平裝)

1.中國文學－歷史－現代（1900-　）－論
文,講詞等
820.908　　　　　　　　　　　　94024763

現代文學研究叢刊 20

草根傳播與鄉村記憶

著　　者：徐　　國　　源
出版者：文　史　哲　出　版　社
http://www.lapen.com.tw
登記證字號：行政院新聞局版臺業字五三三七號
發行人：彭　　正　　雄
發行所：文　史　哲　出　版　社
印刷者：文　史　哲　出　版　社
臺北市羅斯福路一段七十二巷四號
郵政劃撥帳號：一六一八〇一七五
電話886-2-23511028・傳真886-2-23965656

實價新臺幣 三二〇元

中華民國九十四年（2005）十二月初版

ISBN 957-549-643-4

序 言

二十世紀 80 年代以降，隨著"門戶"的開放和學術視界的打開，大量西方的傳播理論被不斷引入學術領域，啓動了學界的思維，開拓了人們的視野。但傳播學界在熱心"拿來"，並不斷做譯介、闡釋和搬用的同時，卻很少顧及這些傳播理論的適用性，以及傳播理論本身所伴隨的文化語境及其"繁殖"的有限性，所以出現了雖熱鬧而不持久、只浮華而不深切的缺陷。

在文化全球化語境中，中國的傳播研究當然要跨越民族界限，防止在文化孤立的自覺價值意識中尋找價值共識，但我們也要注意，關於西方傳播理論這個"他者"的文化想像，往往由於地理距離的遠隔、歷史事實的生疏和切身感受的隔膜，使得影射在全球化文化工業中的"傳播"雖顯得怪異和誘人，但畢竟形式化了的虛幻感會抵消該傳播類型中原有的深層意義。即使是西方對東方文化理解中的"傳播"理論，也可能因誤讀、誤釋該文化類型的精粹內涵，又在反過來的文化傾銷中，將製造出來的僞奇觀再度仿真，回輸到該文化的原生地，迷惑欠缺前提認識的本土受眾，這種錯錯相應的結局，也必然使本土傳播文化被一再改寫。[1]

---

1 楊俊蕾，〈民族話語權的反思與重建〉，《社會科學報》（上海），2003年1月2日。

有些學界人士已經意識到，"傳播學"如果脫離了話語情景，以及它置身的自然科學、哲學、歷史等特定的文化背景，那麼它多少只是一種故作高深的"學問"，而在更深遠的意義上，那種對西方傳播研究的亦步亦趨，可能拱手讓出的是民族的知識話語權。更有學者們在研究中體會到，"傳播學不能只依賴於西方人總結出的原理和方法，中國的學者要作出自己的特殊貢獻，就必須研究中國的傳播實踐。"[2]在這一強力呼聲中，"傳播學研究的中國化"、"傳播學研究本土化"等提法，就逐漸進入到人們的視野中。

在我看來，對於中國的傳播學者來說，還需從本土文化（包括精英文化和大眾文化）中發掘傳播理論和知識，並加以整理、總結和"輸出"，與西方傳播話語作真正意義上的"對話"。這裏有一個基本估價就是：我國本土文化中的傳播資源是相當豐厚的，也有它自身的獨特形式和鮮明特點。它的"個性"，是由我國社會固有的環境因素決定的。這裏是一個內蘊豐富的場域，在這個場域中實現的傳播行為，除了一般傳播共有的形式和特點，還有它突出的"民族性"。中國傳播學者的任務，不能忽視結合中國社會的原生環境，並有責任闡釋和分析我國的傳播是如何獲得"民族性"的，以及它不同於西方傳播的形式和特點。

傳播學大師、美國已故教授宣韋伯博士曾深情地說：

> 我們在西方文化背景中學習的人，看見中國悠久的文
> 化，和她悠久的'傳'（傳授、傳播）的藝術傳統，總

---

2 孫旭培，《華夏傳播論》序言，（北京：人民出版社，1997），頁 1。

免不了會肅然起敬。我們常想，中國人那種深邃的智慧與洞達，要是有一天能用來幫助西方人瞭解自己的工藝知識，增深我們在實驗方面的體會，該是多麼好的事情。許多人已注意到，現代中國人在‘傳’的學問上認識的深刻與精到，不但反映了悠久的歷史傳統，且常能推陳出新。[3]

　　一名外國傳播學者對中國文化、"傳"的學問如此傾心，實在令我們感動，也令我們反思。現代傳播學者確實不該忽視甚至抹殺本民族的文化遺產，以及悠久的"傳"的藝術傳統，而只顧對本國的傳播學"妄自菲薄"。對於中國的傳播學者來說，一個最有效、有力的開端是認真研究本國的傳播史，尤其是中國本土的傳播媒介、傳播方式、傳播藝術和各種不同領域的傳播，並從中發掘本國傳播的特色。

　　寫到這裏，我想起多年來流行的一句話：越是民族的，就越是世界的。同樣可以說，越是"草根"（民間）的，就越是民族的。本書把書名定為《草根傳播與鄉村記憶 —— 中國民間文化傳播論》，不僅是因為當今"草根運動"的勃興，以及傳媒界已有"草根文化"、"草根媒體"、"草根傳播"之說，更有宣導風氣，把傳播研究的目光投向民間社會、投向大眾文化之意。當然，本書所做的僅是一個開端，期待有更多的學者關注草根，關注民間，並從中發掘"本土化"的傳播資源。

---

3 W·宣韋伯，《傳媒·資訊與人》序言，余也魯譯，（北京：中國展望出版社，1985），頁 1。

草根傳播與鄉村記憶
— 中國民間文化傳播論

徐國源著

目　　次

大眾文化篇 —— 小說影視論

民俗傳播篇

理論與調查

論民間傳播與民俗

　　任何傳播行為，都是在一定的社會環境中生成、展開的，因此人類的傳播行為不能不帶上社會環境所給予的深刻影響。由於社會環境的寬廣性、傳播行為的複雜性以及兩者互感、互動的作用，構成了紛紜複雜的傳播現象和類型。隨著傳播研究對環境因素的引入，人們越來越趨同於這樣一種認識，即："對人們的行為、觀點、信念給予重大影響的，是周圍的環境。人世間不僅不存在絕對孤立和封閉的傳播系統，而且人類的傳播活動根本無法擺脫環境對它的影響和制約。"[1]

　　民間傳播作為社會傳播的一個分支，有它自身的獨特形式和鮮明特點。它的"個性"，是由民間社會固有的環境因素決定的。民間社會是一個內蘊豐富的場域，在這個場域中實現的傳播行為，除了一般傳播共有的形式和特點，還有它突出的"民俗性"。本文旨在結合民間社會的原生環境，分析民間傳播是如何獲得"民間性"，以及它不同於一般傳播的形式和特點。

民間傳播的生成環境

　　大眾傳播與社會環境是不可分割的有機體。以社會生產

1　孫旭培，《華夏傳播論》，（北京：人民出版社，1997），頁206。

力水準為代表的一系列經濟、政治、文化因素，直接影響和
制約著大眾傳播的形式和特點。任何傳播都不可能不帶有它
所在社會環境的特徵，同時它又是服務於該社會環境的子系
統。

　　按照馬克思的觀點：「人創造環境，同樣環境也創造
人。」[2]傳播作為一種特殊的精神性現象，它的「活力」同樣
也離不開人及其所處的環境。在我國古代，人們很早就意識
到社會環境對人的傳播行為的影響和制約。古代典籍《呂氏
春秋》云：「戎人生乎戎長乎戎而戎言，不知其所受之；楚
人生乎楚長乎楚而楚言，不知其所受之。今使楚人長乎戎戎
人長乎楚，則楚人戎言，戎人楚言矣。」這話有力地說明：
在不同的社會環境中，作為傳播媒介的語言和行為方式是會
發生變化的，環境對傳播的影響和制約不言自明。

　　以我國為例，統治者歷來標彰「以農立國」，歷代帝王
都有耕籍田、祀社稷、禱求雨、下勸農令的儀式和措施，「重
農輕商」、「重本抑末」成為理所當然的理國之道。中國農
民大都束縛在土地上，「日出而作，日落而息，鑿井而飲」，
很少流動。受此影響，中國民間傳播乃至中國文化形成了一
系列頗具農業社會特色的傳統特徵，例如，君權至高無上的
主流意識形態滲透進人民大眾的話語系統和行為系統；「安
居樂業」成為民眾理想的生活態勢。另外，這種歷史文化的
積澱，還形成了中國民間崇尚中庸，少走極端；推崇誠實可
靠，注重自然節奏；著眼於現世和人事，不太關心人世以外

2　《馬克思恩格斯選集》卷1，（北京：人民出版社，1972），頁34。

的自然界；注重切實領會，鄙棄口辨等價值趨向。特別值得
一提的是，以"耕讀傳家"的治家模式在我國幾千年的封建
社會中代代傳承，逐漸形成了中國家庭模式中獨特的風貌，
並由此衍生出中國民間傳播的一系列內涵和特徵。

　　民間傳播在民俗文化中主要表現爲"傳承"和"擴
布"。著名傳播學者 M·P·安德森對"傳播"一詞的界定認爲：
"所謂傳播是人際關係藉以成立的基礎，又是它得以發展的
肌理，就是說它是精神現象轉換爲符號並在一定的距離空間
得到搬運，經過一定的時間得到保存的手段。"[3]這個定義在
民間傳播中完全可以得到映證。在民間傳播模式中，傳播一
方面意味著民俗文化資訊在時間上的傳承和延展，另一方面
表現爲在空間上的擴布和流行。具體表現爲：一種風俗習慣
可以在某一村落或鄉鎮世代相襲，具有明顯的穩定性和延傳
性，同時又可以影響擴展至地區文化圈以外乃至全國。在這
一運行機制中，傳播會按照民俗的慣制展開，同時也在這一
過程中獲得自己的"民俗形式"。

　　關於"民俗"一詞，在理論上有多種說法。概而言之，
大致有兩種含義：首先，是指萌芽於原始人類的蒙昧意識，
並隨著人類長期的生產實踐和其他社會實踐逐步形成的大量
習俗事象。英國著名民俗學者班尼認爲，在民俗學的名稱下
所包含的題目，可以分爲如下三大類和許多細目：一、信仰
和行爲，包括地和天、植物界、動物界、人性、人工製品、
靈魂和冥世、超人者（神妖及其它）、預兆和占卜、巫術、

---

3 胡正榮，《傳播學總論》，（北京：北京廣播學院出版社，1995），頁
　61。

疾病和民間醫術；二、習俗慣制，包括社會制度和政治制度、人生禮儀、職業和工藝、曆法、齋戒和節慶、遊戲、體育和娛樂；三、民間文學，包括故事（敍事的和娛樂的）、歌謠和敍事歌曲、諺語和謎語、有韻的俗語和俚語等[4]。民俗的另外一種含義相當於我們常說的"社會風氣"或"社會風俗"，即在一定時期的社會生活中具有廣泛參與和影響，又引起普遍關注的時尚、傾向，是社會思潮、道德觀念、生活方式、人際關係、文化崇尚等動態的綜合表現。它屬於社會心理狀態和群體意志結構的外在表現形式。民俗文化學的研究告訴我們，一部二十五史和各種方志典籍記載了大量中華民族的民俗文化史料，儲存著許多有待系統整理的古老資訊，其中不乏有關民間傳播的生動資料。

在傳播結構中，傳者、受傳者、傳播情景和傳播管道是四個基本要素。一般而言，民間傳播的"傳者"和"受傳者"都是普通老百姓，是他們構成了民間社會環境的主體。這裏就不能不涉及到對這些特殊群體的"人"的研究，它包括一系列問題，比如在民間傳播與資訊交流擴散過程中，這部分特殊群體是怎樣一種心理狀態？某種傳播行為和方式，是在什麼樣的觀念意識的驅動下展開的？如果在研究中，我們缺乏對民間社會及"人"的瞭解，那麼即使把傳播說得頭頭是道，但是仍然可能割裂與民俗心態、民俗精神之間的淵源聯繫，很難揭示民間傳播的實質。梁啓超先生說得好："凡一國之能立於世界，必有其國民獨具之特質，上自道德法律，

4　班尼，《民俗學手冊》，程德祺譯，（上海：上海文藝出版社，1995），頁4。

下至風俗習慣、文學藝術，皆有一種獨立之精神，祖父傳之，子孫繼之，然後群乃結、國乃成，斯實民族主義之根柢源泉也。"[5]這話完全可以用來說明民間社會的情形。總之，研究民間傳播，不能脫離具體的民間社會環境，更不能無視傳播的主體 ── 民間社會的"人"。

從文化形態上看，民間傳播是一種非常複雜的社會精神現象，廣義上也橫跨傳播學和俗文化兩個範疇。民間傳播作為千百年來相沿成習、精神遞傳的人類文化意識的綜合表現，是一種特殊的文化形態。它雖然不是成文法律，但具有法律一般的社會約束力，是一種約定俗成的習慣力量，具有軟控制的性質。不論習俗顯現何種形態，其一旦形成，就滲透到人們的生活中，染習傳承，世代因襲，對人們的生活乃至社會都產生不可忽視的作用，成為一股具有強大約束力的精神力量。顯然，只有把民間傳播放在它特有的生成環境中考察，才能深層反映它的特質。

民間傳播的情景模式

民間傳播的內容包羅萬象，傳播的管道四通八達。這種傳播類型的豐富多彩性，是與民間社會廣闊、繁雜的生活涵蓋面相映照的。可以這麼說：民間社會有多少典型的生活情景，就有多少典型的傳播語言和傳播模式。

涉及到分類，可能就會陷落"行文的圈套"。在傳播學界，多年以來學者們似乎對傳播的方式各執一詞，尚無定論；

---

5 仲富蘭，《中國民俗文化學導論》，（杭州：浙江人民出版社，1998），頁19。

而在民俗學界，專家們對民俗文化的類型也是眾說紛紜，難有結論。本文為了敍述的方便，只能按照民間社會較為典型的生活形態和傳播情景，總結出幾種民間傳播的方式。

1、**口語傳播模式**。人類傳播資訊的符號有很多，但人們用得最多、又非用不可的資訊符號是語言。據語言學家考證：語言作為一種媒介物，它的演進大致可以分為兩個階段，即前文字符號階段和文字符號階段。擬勢語、口語和信號是前文字階段的語言形式；記號、圖畫形式、象徵文字或符號、形聲文字或拼音符號是文字符號階段的語言形式。在這些傳播語言中，口語具有特殊的地位，它一直是人際間交流的最重要手段。

漢語口語傳播在很大程度上是與中國的民俗文化緊密聯繫的。民間文學的主要類型，如故事、傳說、歌謠、諺語、謎語以及俗語掌故，其主要的傳播形式就是口語傳播。這種社會性選擇與民間社會群體的文化素質有關，"還沒有學會寫字的技藝，或是很少運用這種技藝的民族，他們的智力活動主要的表現形式是口語性的故事、歌曲、寓言和謎語。對這些東西千萬不可視為等閒，它們體現了早期人類運用推理、記憶和想像的成果。"[6]例如"說書"藝術，它是說書人用嘴說，而且是用"白話"即用口語表達的，說的時候還經常加上表情、動作，內容常常是勞動人民口頭創作的文學作品。聽說書的群眾即使沒有閱讀能力，只要耳朵不聾、智力正常，也能聽懂說書內容，欣賞說書藝術。

---

6 班尼，《民俗學手冊》，程德祺譯，（上海：上海文藝出版社，1995），頁 211。

　　念咒語是比較特殊的口語傳播活動。在民間信仰的儀式中，當巫師在進行巫術時，他們的一個重要武器就是念咒語。他們認爲某些語言具有特殊的"魔力"，能夠在傳播過程中產生降妖伏怪的效力。像原始人相信人的影子代表著人本身一樣，民間也認爲語言中的詞語也就代表了事物的本身，你佔有了說出這個詞的能力，也就佔有了這個詞所代表的事物。所以直到現在，有的地方還忌諱別人直呼他的名字，在山區行路遇見熟人不能喊他的名字，要用"哦——哦"來打招呼，他們認爲名字被妖魔鬼怪知道，它就會找得到你並加害於你。在這種語言傳播活動中，民間信仰對傳播賦予了特殊的內容。這是一般的傳播研究很少涉及的"盲區"。

　　2、行爲傳播模式。行爲傳播，也有學者稱之爲"經驗傳播"。民俗文化的另一個傳播途徑，來自于日常生活的行爲。這是一種非語言傳播，但是它在民間傳播中具有特殊的意義。

　　行爲傳播主要存在於生活習俗和技藝性領域。在生活習俗方面，人們的日常起居、飲食習慣、勞動作業等，前輩們總是以一種無聲的行爲，感染和薰陶著一代又一代人。長此以往，後人耳濡目染，起而效仿，從而成爲某個家族或地區性的風俗習慣。例如農事與節氣、色彩的忌諱、交往的禮節、婚嫁和喪葬的辦理、祭祖的儀式等，這一切無不通過上一輩人的行爲影響下一代人。另外，一些專門技藝也往往是以行爲傳播的方式傳授的。在我國民間，技藝傳播通常採用師傅帶徒式進行，像鐵匠、泥瓦匠、藥鋪先生、畫匠、戲曲藝人等職業的師傅招收徒弟，就是既讓他們從師傅的言傳身教中學習技藝，又讓徒弟隨師傅從事這項工作和勞動，擔當助手。一般來說，由於前輩師傅們普遍文化素質偏低，語言表達能力不夠強，因此與其說是"言傳"，不如說是"身教"，更能貼切地說明技藝傳播的途徑。可以說，行爲傳播是技藝傳承的主要方式，所以有俗語雲："五年做出一個俏師傅"。

人的行爲舉止具有資訊傳播的作用，這在許多研究中早已得到證明；而行爲傳播的輻射力可以使某一"行爲"在一個時期內成爲"標誌性"的社會時尚，更說明了行爲傳播的重要價值。例如古籍記載，漢代的時候，上自帝王，下自平民，都是以席鋪地而坐，其坐姿如今之跪，屈足向後，臀複足上，若伸足向前，則爲箕踞。若箕踞見尊長，則視爲不敬。由此可見，行爲傳播風行開來，就成規範、禮儀，如果稍有逾矩，便會受到世俗慣制的反彈和譴責。

3、儀式傳播模式。儀式傳播，作爲一種社會行爲，它具有整體性的特點。儀式根據不同活動內容，設置的場景常有差異：有在固定的廟宇中的佈道、傳教、禮拜，也有在半固定的神壇、道場的宗教性活動。

有宗教就必然有儀式。巫術、宗教及其儀式在與民間風俗相融合或逐步轉化爲民間習俗以後，幾乎滲透到了一切世俗生活的領域。這種信仰與儀式不僅能從誕生、成年、婚、壽、喪、葬等人生禮儀中見到，我們也可以從造房、耕地、狩獵、養蠶等生產領域中見到。幾乎可以說，一切儀式即使它隨著時間的推移不再具有宗教色彩，但它們仍然是從人類原始的巫術或信仰的儀式中發展、派生出來的。儀式傳播便是由於這種種儀式的需要而產生、發展，並成爲這種儀式不可缺少的組成部分。

儀式的傳者多是專職或半專職的宗教人員，如巫師、道士、和尚、神父等。他們利用人們的信仰，借助特定的場合，設置適當的氣氛，向信徒們傳播有關宗教內容的資訊。例如巫師，他是人與神鬼之間的特殊人物，平時爲人，降神時爲神，亦人亦神，一身而二任。吳地有諺雲："又做師娘又做鬼。"巫師肩負著請神、送神、祈神、娛神等職責，而凡此種種都須形諸於歌舞儀式。儀式便是在受傳者的耳聞目睹之後，代代傳承了下來。

4、藝術傳播模式。所謂藝術傳播，是相對於民間文學型的口語傳播而言的。它主要運用藝術語言，如舞蹈、音樂、繪畫、雕塑等表達思想內容和情感。像民間的扭秧歌、雜耍遊藝、打擊樂、豐收鑼鼓、剪紙、窗花、印染、獅子門蹲、門神等，都是藝術傳播的重要內容。

在中國古代，很早就認識到藝術傳播的社會價值。《樂記》雲："凡音者，生人心者也。情動於中，故形於聲，聲成文，謂之音。是故治世之音安，樂其政和；亂世之音怨，以怒其政乖；亡國之音哀，以思其民困。聲音之道，與政通矣。"這些話說明音樂並非只是一種藝術，而且還與"政"相通。另一方面，藝術傳播的社會價值還表現在，民間藝術多是與民眾的勞動結合在一起的，例如"杭育"歌謠，這種簡單的音樂節奏實際上是配合繁重的打樁或拉織勞動唱出的，而豐收鑼鼓、喜慶舞蹈也都反映出勞動人民對美好生活的期盼和祝福。一國之音樂或其他藝術，不僅間接或直接地表現了民間百姓對國事政務"和"、"怨"、"困"之情，而且也反映了他們真實的生存狀況。

除此以外，藝術傳播還與民間的土著生活具有密切關係。一部分民間藝術保存著早期原始人類的心理痕跡，例如圖騰觀念和鬼神信仰；還有一部分民間藝術直接取材於神話傳說，如牛郎織女、八仙過海等。總之一些宗教信仰，借助藝術傳播獲得了自己"有意味的形式"。

民間傳播的民俗特性

這裏，我們有必要對"民間傳播"作一點補充說明。在我看來，關於"民間傳播"一詞，實際上可以作兩種解釋。

一種解釋，立足於更廣闊的社會文化背景，確切說是指民俗文化的傳播。對這種整體性文化傳播活動的研究，我們通常關注的是影響傳播過程的"媒介"，也就是我們常說的社會歷史動因。一些專家認為，決定傳播性質的"媒介"或動因有：一、人類的商業貿易活動。古代社會不少商人同時又扮演文化使者的角色，這使得民俗文化和其他文化得以傳衍；二、戰爭及其征服。在人類歷史上，戰爭是掠奪人口、強佔土地、獲取財富的手段，也是古代社會推動文化交流和傳播的最普通的形式。三、宗教傳播。宗教作為一種古老的信仰，對於人類整體文化的凝聚和交融，對於區域民俗文化的整合，都起過極其重要的作用。它把操持不同語言的民族集合在同一個神靈的大麾之下。在民俗文化、民風、哲學、藝術、建築、信仰、道德等方面，表現為某種程度的一貫性、沿襲性。四、人口遷徙。人口流動作為一種媒體，加強了移民之間、移民與土著民之間的文化交流與融會，大規模人口

在空間上挪動自己的地理居住位置，改變了原有的人口分佈
的地理層次和地域氛圍，從而牽動了民俗文化的多層次、多
側面的移動和撞擊，由此而產生新的民族、新的語言、新的
生活方式和習俗，人口遷徙與移動也就成爲民俗文化組合或
者捨棄的一個重要組成部分。

另一種解釋，著眼於民間傳播的豐富個例，將物件作具
體而微的研究。論者所論述的 "民間傳播" 概念，正是在這
一意義上引用的。鑒於民間傳播的豐富多樣性，需要從大量
的個例中抽繹出共性，找到它最爲突出的特徵，這裏，本文
將結合民間社會的情景，總結出民間傳播較顯著的特徵。

1、**口傳性**。民間傳播一般是面對面進行的，傳者和受
眾可以直接交流，使用的語言絕大多數是口頭語言。這種口
口相傳，有個體對個體的傳播，也有個體對群體的傳播。例
如 "唱山歌" ，一個小夥子用歌聲對心愛的姑娘傳情，這是
個體對個體的傳播；而一個 "山歌大王" 與一群山歌能手對
山歌（俗稱 "山歌擂臺" ），那就是個體對群體的傳播了。

口傳的特點，要求傳播的形式和內容具有生動性。如民
間 "說書" ，它是歷代藝人總結了口傳的規律，形成的一門
獨立的藝術。說書藝人爲了吸引聽眾，不僅內容通俗易懂，
而且很注意說故事的技巧：每一個段子都是有頭有尾，故事
完整，構思巧妙，情節生動，故事內容也多半是勸善懲惡的
寓意。長篇故事的每一回中，開頭總有 "話說" 、 "且說"
如何如何，這實際上是說書藝人在交待正要開講的一回和上
一回之間的情節聯繫。每一回的結尾，往往把一段新的故事
渲染到緊張動人之處，忽然打住，來個 "欲知後事如何，且

聽下回分解"，這又是說書人在"賣關子"，給人一個懸念，吸引他們下次繼續來聽。另外，章回故事中常常插入的"花開兩朵，各表一枝"之類，則是說書人交待複雜情節的巧妙表達。

口頭傳播主要使用語言符號，但非語言符號系統的表情、動作、身姿、目光等也起著很重要的輔助作用。同時，中國語言中特有的簡潔、生動、風趣對民間傳播的氣氛有著十分重要的作用。歇後語就利用了同音字轉移意思，十分俏皮，十分有趣。許多同行之間使用的行話，還有許多同地區人之間使用的特定詞語配上鄉音就使這種交流的傳受雙方十分自然、和諧。

2、情景性。民間傳播的一個重要特點，就是傳播活動往往與一定的民俗情景聯繫在一起。在這時候，民俗情景構成了一幅色彩斑斕的背景，傳者和受傳者置身其中，展開"表演性"的傳播活動。

民間傳播具有情景性，要求我們在研究時不僅要注意傳播的內容，還必須關注與此相關的民俗形式。例如一些"童謠"，它不僅具有說唱的特點，還往往與遊戲活動結合在一起；又比如"神歌"，也不是神職人員單獨說唱，還有許多群眾參與歌舞，邊舞邊"和"，現場情景十分壯觀。鑒於民間傳播的複雜性，所以有些民俗學者認為對此必須作"立體研究"，即在關注傳唱內容的同時，還必須把當時的情景真實、細緻地記錄下來，否則很難理解某些傳播內容，甚至會作出錯誤的解釋。

不僅如此，"情景性"還是民間傳播本身借助的手段。

例如婚禮上唱"哭嫁歌"，多是"即景生情"的傳播活動：在江南一帶，當正日花轎進宅迎娶，喜娘給新娘子梳妝打扮時，新娘的母親要坐在床口哭；娘哭時，嫂子端來一碗米飯，在姑娘嘴裏劃三劃，姑娘就抱住嫂子哭唱"一碗飯"哭嫁歌。到喜娘牽了新娘告別親人長輩時，新娘看見誰就唱謝誰的哭嫁歌；新娘換上繡鞋由哥哥抱上轎時，則唱"抱上轎"哭嫁歌。直至今天，這類"哭嫁歌"還能在吳越很多地區乃至像蘇州、杭州、上海這樣大中城市的郊縣採集到。

　　3、**變異性**。俗諺"百里不同俗，千里不同風"，很鮮明地指出了由於自然環境、社會環境和文化類型的差異，形成了各地豐富多彩的風俗習慣。在民間傳播中，研究者經常用"變異"一詞與"傳承"並列相提，實際上從一個方面指明了民間傳播過程中的"變異性"。

　　由於民間傳播很大程度上並不依賴於理性判斷和邏輯演繹，而多半是民間社會經驗的積累，再通過傳者的想像和言說傳播開去的，這樣就必然造成在資訊的發生階段就已經出現了謬誤；在以後的傳承中，受傳者按照自己的理解和詮釋，往往又附加個人的經驗、好惡、情緒和"當下情景"，進行"二度創作"，其結果是使以後的傳播更具有不確定性。例如《田螺姑娘》這個故事，最初在《搜神後記》中有雛形，叫《白水素女》，男主人公有確定的名字，很像是志異一類的筆記；在後世的流傳中男主人公的名字隱去了，突出了女主人公。雛形的故事中田螺姑娘是充當天帝的獎品，與《牛郎織女》中的七仙女幫助董永還債一樣，是"獎品妻"，女主角雖有特異功能卻無情感。後來的民間故事逐漸淡化了她的“使者”身份，突出了女主人公的意志和感情，即她愛慕男主人公品行善良，同情其孤苦無助，自願與之成婚等等。這種因傳播者的社會經驗、好惡、情緒等而發生變化的情況，也正說明民間傳播不是規範化的傳播，傳播的內容有它的易變性，“三人成虎，千夫揉椎”就是對這種隨意性的精闢概括。

最後，我想就我國傳播學研究提出一點看法。多年來，我國的傳播研究比較注重的是譯介和“拿來”，忽視了從本土文化中發掘傳播理論資源，並加以探討、總結和“輸出”，因此便很難與西方傳播理論作真正意義上的“對話”。其實，我國本土文化中的傳播理論資源是相當豐厚的，也有它自身的獨特形式和鮮明特點。它的“個性”，是由我國社會固有的環境因素決定的。這裏是一個內蘊豐富的場域，在這個場域中實現的傳播行為，除了一般傳播共有的形式和特點，還有它突出的“民族性”、“民間性”。中國傳播學者的任務，不能忽視結合中國社會的原生環境，並有責任闡釋和分析我國的傳播是如何獲得“民族性”和“民間性”，以及它不同於西方傳播的形式和特點。總之，我們應該把傳播還原到中國文化的豐沃土壤中，在這個“故鄉”，傳播研究或許會有更多的收穫。

民間神祇：信仰與傳播

　　我國的民間信仰可以用源遠流長、豐富多采和千奇百怪三個詞來描述其特殊性和複雜性。首先，中國自古以來就有著種類繁多的民間信仰。再遠一些已難以考查，至少到春秋戰國時代還保留著遠古眾多的民間神祇，其中有些是諸侯各國的地方信仰，足見神祇的古老性。其次，因中國民間文化相容並蓄的特點，它既保留了原始神祇的傳統，又不拒絕外來神祇，只是無論傳統的抑或外來的，都必須經由適當的改造，以適應各地民眾的造神口味。至近代，更出現了熔佛、道及原始信仰於一爐的眾神體系，故數量、名目繁多，顯得及其豐富多采。再次，按照神祇的性質，每一類原型本身是具有明確主題指向的，但是在我國民間實際的造神、祀神過程中，往往隨意變化、增刪其內涵，變異性極強，老百姓更是病急亂投醫，見廟就燒香，見神就磕頭，可謂千奇百怪。可以說，中國的民間神祇信仰頗具歷史傳統和民族特色。

　　筆者認為，透過民間神祇的信仰及其流變脈絡，足以窺見一個活生生的世俗情貌，而對於神祇信仰之研究，也可以為認識中國民間社會提供一個有益的視域。

一、神祇信仰之心理機制

　　許慎《說文解字》：“神，天神引出萬物也。祇，地祇提出萬物也。"認爲天神、地祇乃萬物之母。事實亦是這樣，最初的神祇觀念確實與天地崇拜密切相關。

　　在早期的原始人類看來，天、地與人們的生活密切相關：它們不僅給人類帶來和煦的陽光、豐沛的雨水和人類賴以生存的土地，還帶來種種令人恐懼的自然現象。在蒙昧時期，人類的思維能力和生活經驗尚不足以掌握天地律變的動態，必然會以自己有限的思維能力去比附這兩個神奇的物象。遠古時期，人們以爲天地亦與人一樣，有思想、感情和意志，亦有靈魂的存在。這形成了最初的神祇觀念，據考古學最新資料顯示，時間大約是在新石器時代。

　　從早期神祇觀念之產生，至少給我們提供兩方面啓示：（1）神祇是人類將自身與客觀物件比附的產物，即以爲人有靈魂，客觀物件便也有靈魂；（2）日月星辰、河流山川、風雨雷電所呈現出來的不穩定自然屬性，無不給原始人類以恐懼，於是人們企圖用祈求的方式來禳解大自然的懲罰，這構成了造神的內部動機。恩格斯說："一切宗教都不過是支配人們日常生活的外部力量在人們頭腦中的反映。"[1]顯然，神祇就是這種外部力量的心靈反映的產物。

　　關於造神的心理機制，法國人類學家呂西安‧勒維－布呂爾（Lucienlevy－gruhl）提出了"神秘的參與"理論，又對上說作了補充。他在考察了原始部落的種種奇異現象後認爲：原始人的意識處於同我們今天的意識不同發展水準上，他們感受到"靈魂"並非一個整體，認爲人有著自身的靈

1　《馬克思恩格列寧史達林論宗教》，（北京：中國社會科學出版社，1979），
　　頁354。

魂，同樣還有著"野性靈魂"（bushsoul）；並且，原始人類對自身的奇異認識，還呈現出各種各樣的形態，例如，在原始人的意識中，如果野性靈魂是一種動物的靈魂，那麼這種動物就被認爲是某個族群的同胞；如果野性靈魂是一棵樹，那麼這棵樹就可能被認爲是這個族群的保護神，具有父母一樣的權威。在這種觀念的支配下，他們認爲對於野性靈魂的傷害就是對個人或族群的傷害。[2]這種人與動植物的關係，顯然具有人與神關係的特徵。

　　進入人類社會以後，民間神祇信仰的基本動力是世俗願望。多種多樣的理想及其不同的實現方式，導致了龐雜無序的諸多神祇譜系差別。概括起來，民間願望在性質上呈現出兩種趨向，一是求福，一是避禍；從程度和範圍上又可分爲兩種類型，即靠自身努力便能實現的和依賴神靈庇護才能實現的。一般來說，民間對"人願"與"神願"以及"求福願"與"避禍願"是分得十分清楚的。前者屬於對認識的承認和肯定，後者則是對神祇的寄託與敬畏。馬林諾夫斯基曾深刻地剖析這一民間信仰心理：

　　　　……初民對於自然與命運，不管是或則利用，或則規避，都能承認自然勢力與超自然勢力，兩者並用，以期善果。……他永遠沒有單靠巫術的時候。然在另一方面，則也有時候完全不用巫術，即如生火與許多旁的技能之類。凡有時候必要承認自己的只是技能不夠了，便

---

2 徐國源，〈論原始思維與鬼神信仰〉，《學術研究》第 3 期（2000 年 6 月），頁 58。

　　一定會利用巫術的。[3]

由此看來，民間神祇信仰實際上正是世俗世界的一種曲折投影。它在總體上展示了人類的雙重心理，即以人為圓心，承認人之局限；超越於人者，其為神祇。由此引出了對神祇世界的態度 —— 敬神驅鬼，人神同在。[4]

二、神祇原型與信仰衍變

　　我國是多神祇信仰的國家。數千年來，在這片古老的大地上土生土長了形色各異的神祇，它們各自獨立又相互融合，匯成了龐雜的神祇世界。為了辯識神祇譜系的狀況，本文將名目繁多的神祇分成若干類原型，同時剖析每類原型本身所指涉的意義。

　　1、最高天神　最高天神包括道教最高神"三清"（即元始天尊、靈寶天尊、太上老君）、玉皇大帝和如來佛，均被民間信仰吸收並被奉為最高天神。它們起源於上帝原型。在先秦文獻中，或稱天、皇天，或稱帝、上帝、皇天上帝、昊天上帝，都是指這個上帝原型。天帝的概念比較原始，後來民間越來越接受道佛兩教的神祇體系，故以三清、玉皇大帝和如來佛三神來指代上帝原型。

　　唐宋以後，早已成為統治者御用工具的道教，把傳統的天地信仰納入神祇體系，於是出現了玉皇大帝。玉皇大帝不

---

3 馬林諾夫斯基，《巫術科學宗教與神話》，（上海：上海人民出版社，1984），頁16。
4 徐新建，〈儺與鬼神世界〉，《民間文學論壇》第3期（1989年6月），頁16。

僅有傳統信仰之內容，還有人間帝王形象的影子，故廣爲民間接受。這正是神祇原型漸漸趨向豐滿、實體的必由之路。於是道教徒便以其爲核心，設計了一個與中國封建王朝結構相一致的神祇體系。從此玉皇大帝成爲在中國民間影響最大的至尊無上的最高天神，玉皇大帝的形象，也終於成爲民間百姓臆想的上帝原型形象。

2、天象諸神　天象諸神的崇拜起源於原始人類畏懼自然力和自然現象的神秘感，於是他們便賦予自然力和自然現象以人的情感意識，構成了天象原型和天象崇拜。

中國古代主要是農耕社會，天體變化、日月交替和風雨陰晴，均對人們的生活構成巨大影響，這是天象原型產生的根本原因。至於星辰崇拜，則主要與天文歷數的運用有關。進入文明社會之後，"天子祭天，諸侯祭土"成爲定俗，百姓已沒有資格祭天，但對天的信仰依然盛行於民間，被尊稱爲太一、泰一或泰一神等。其他民間信仰的天象原型還有文昌、文曲、武曲、太歲、壽考、奎星、南斗、北斗諸星和雷公、電母、風伯、雨師諸類。

之後，人們又有把自然現象和社會現象相比照、映證的情況，創造出人格化、社會化的星辰神。例如，民間廣泛信奉的"文昌"本是星名，亦叫"文曲星"或"文星"，古代稱北斗七星的第一星爲魁星，其他六星總稱爲文昌星，認爲它是吉星，主人貴，後被道教尊爲主宰功名利祿的神；以後又與掌文昌府事及人間祿籍的梓童帝君相混，稱爲文昌帝君。舊時讀書人都信奉它，各地都建文昌閣。這就是文曲星由天象原型轉化爲社會原型（主名祿）的過程。又如雷神原型，古代"人們所迷信的神力、神性，及其本體和面貌等，都可以從古人對雷電自然威力的迷惑不解以及怕受危害的心理狀態中找到根源。人們把對雷電的錯誤認識和屈服於其威力的心理狀態客觀化，創造了雷電神迷信內容並塑造了雷電神的形象。"[5]之後，其形象也經歷了從單純的自然屬性的崇拜，發展到具備重要的社會職能的這一轉型過程。這也是神祇演化的一大特點。

3、地象諸神 對地象諸神的崇拜最初亦是出於對土地自然屬性的神秘感、依賴感及因此而產生的敬恐感。《禮記·郊特性》雲："地載萬物，天垂象，取財於地，取法於天，是以尊天而親地也。故教民美報焉。"抑或說，古代人類祭祀地神乃是為了酬勞其負載萬物、生養萬物的功勞，而原始先民對於這片神奇的土地的恐懼感、依賴感，卻在歲月長河的沖刷下，漸漸湮滅掉了。由做地神之奴隸，轉而為報恩地神的主人，這反映出人類進入文明社會之後心態角色的轉換。

原始的土地崇拜，必然具有民族性、區域性，它是對自己所居住、生存、耕作的特定土地的崇拜。統一的封建王朝建立之後，則出現了以整個大地為物件的抽象化的地神崇拜，即所謂"後土"崇拜，而地區性的土地神，後來則被稱為"社"。社神原來只有自然屬性，之後卻漸漸消失，並被社會屬性取代，逐漸人格化，稱為管理各自地區、各方水土的地方守護神。這些神祇後來又被道教按封建官府的組織形式納入了神的體系。如城隍，本來是臘祭八祀中水庸之祀，

---

5 朱天順，《中國古代宗教初探》，（上海：上海人民出版社，1982），頁50。

最早見於《北齊書·慕容儼傳》。史書中記述城隍靈驗的事很多，說它能興風作浪、止旱澇、差遣鬼神、治病止疫等等，到了後代，城隍所祀神主，則轉爲前代有德政的官吏，如蕭何、範增及後來的文天祥，都曾被民間供爲城隍神。可見，神祇世俗化、官僚化、人格化，以切合民間百姓樸實的理解能力和思想感情，正是神祇能夠在民間滋生不滅的原因。

4、靈物諸神　靈物諸神起端於人類早期萬物有靈觀念和"神秘的參與"現象。原始人類不僅深信風雨雷電等大的自然物有神靈存在，即使山石樹木、狗鼠蛇狐之類，亦往往有神靈寓焉。東漢維書中載述有弓、盾、矛、耳、目、口等神，後來又有床公床婆、花神之類，都是這種萬物有靈觀念的產物。後世則又有坑三姑娘（即紫姑）、石敢當之類的信仰，也是人們畏懼神靈，又祈望神靈庇護以避凶得福的兩極心理的"象徵"。

民間更有一種"靈魂附體"的說法，這種觀念認爲：聖靈的鬼神或其他自然實體的靈魂，可以漂浮在空間，在人們身虧體虛之時乘虛而入，附身於人，出現所謂"靈魂附體"之現象。這種說法至今仍有人篤信，較之於其他原型信仰較易深入人心，基本上已成爲民間普遍信奉的功能性信仰。

在靈物信仰中，狐神信仰無疑在民間最受注目。狐神之說，可以追溯到漢代甚至更早，《玄中記》載："狐五十能變化婦人，百歲爲美女，爲神巫，或爲丈夫與女人交接。知千里外事，善蠱魅，使人迷惑失智，千歲即與天通，爲天狐。"魏晉時期，小說多狐仙故事，爲狐神之傳播推波助瀾。一部《聊齋》專說狐鬼，足見狐神原型與民間世俗生活之貼近，乃至當今民間社會，有些地區仍然祀狐神、諱狐字，其靈跡更是充斥於耳。一般地說，某種原型信仰經長期的心理沉澱和生活印證，便成爲比較固定的文化現象。

　　5、動物諸神　　動物崇拜是原始宗教之自然崇拜的一部分，也是最先發達的部分。因爲在人們征服自然的初期，人們主要靠狩獵和畜牲爲生，狩獵的多寡以及遭受動物的襲擊，必然會給早期人類的心靈產生影響。例如，假使原始人曾經面臨來自毒蛇猛獸的傷害，那麼他對於毒蛇猛獸的恐懼感就會使他預先進行防範，以免受到傷害。到了農耕時代，人們崇拜的主要對象轉移到了農畜和耕畜的守護神，一般不再把野獸本身當作崇拜物件。因此，一般動物神原型可分兩大類：一是與人類的生產密切相關，卻又始終爲人類恐懼的野獸動物，如蛇、虎、蝗蟲等；另一種是家畜和耕畜的守護神，如牛王、馬王、蠶神等。

　　從原始的動物神原型發展到完全人格化、社會化的神，往往都要經歷半人、半動物的過渡形態，再發展到基本上具有人的形體，而又帶有它們代表的動物之某些特徵；最後才達到神靈形體、服飾徹底人化。另外，其服飾也會適應時代的要求，給神以不同的穿戴，甚至還要按人類的習慣，爲其取姓名、擇配偶、授職分工、編造神靈的世系身世，使之徹底擺脫原始的動物形態而使世人能誠心順服。例如西王母，在戰國以前一般被稱爲是神人。《山海經》說其是"形象爲半人半獸"，稱之爲司天之厲及五殘(即瘟疫和刑罰)之神。而至戰國時代，《莊子》、《穆天子傳》已把西王母描繪成一位得道仙人或西方半人半仙的人王，也就是說西王母已人神化。西漢時重神仙，因西王母掌不死之藥，故西王母成為一位白髮蒼蒼、長生不死的老嫗。以後道士文人推波助瀾，西王母又成為原始天尊之女，群仙之領袖，又以東王公與之相匹。玉皇大帝出現以後，人們又把西王母與之匹配，稱之王母娘娘。在民間古詩和傳說中，王母娘娘被奉為最重要的女神。由西王母之流變，可以看出民間變換原型內涵之隨意性和盲目性了。

6、鬼魂諸神　鬼神諸神屬於綜合原型。因鬼魂之性質、功能、類別是不確定的，既可為惡，亦能行善，它飄忽不定，來去無蹤，既可依憑於人，又能變化形態，以此主宰人世之禍福，與人們的生活切切相關。不妨說，生活中有多少典型情景，就有多少種鬼魂原型，因此可把它歸入綜合原型類。

古人認為，靈魂只是寄宿在人的軀體之中。當人睡覺做夢時，它就會離開軀體而活動。人死之後，靈魂可以依然存在，那就是鬼魂。從原始社會到當今民間，人們對鬼魂既恐懼又依賴它，望它賜予福祿。在各種鬼魂中，人們大多寄希望于自己的祖先，認為他們的鬼魂因與自己有血緣關係，將會保護自己的後代，由此而發展起祖先崇拜、宗法觀念，延續至今依然具有生命力。鬼魂崇拜發展到一定階段後，某些著名的部落首領、功勳卓著的勇士、在生產活動中有過重大貢獻的名人，因其生前堅強有力，品德高尚，就認為他們死後的靈魂也是善良而強有力的，也被列為崇拜物件。人鬼信仰、行業神信仰、智老人物信仰等等，均由此發展而來。可以說，鬼魂家族人物眾多，簡直就是人世縮影。

鬼魂世界和鬼魂觀念被後世的人繼承下來，並不斷被各個時代特定的社會現實得到虛構和映證。人們由於在現實生活中無力伸張正義、懲罰邪惡，於是幻想人死之後鬼魂可進入無等級差別的陰間，接受公正判決，按其生前的表現分別得到補償或懲罰。佛獄、來世、陰間等觀念又與傳統的鬼魂神怪結合起來，於是地藏王、閻羅王等信仰興起。隋唐以來，世人又以爲冥王、冥官也如陽世一樣，雖擔任其職的多是正直剛強之士，但有時也如人世一樣，有賄賂公行、黑暗腐敗的現象。總之，各個時代的人們對冥界的想像，都是以其所生活的現實社會爲背景的，都離不開封建時代專制統治的影子。

三、神祇信仰的現代啓示

從以上情況來看，我國神祇原型起端於遠古人類的原始崇拜，又在傳承過程中被文化累積扭曲、變形，被一些封建統治者或者道士文人按人格化、世俗化、官僚化的原則加以杜撰和改造，因而眾多的信仰呈現出盲目、隨意、流俗的特點；另一方面，中國的民間社會又不易被所謂正統文化同化，佛教以動聽的謊言和無邊的大話曾打動過無數講求務實的中國人的信仰心，但隨著時間的流逝，求神仙高遠不可至，往生淨土漫無實證，求仙的幻妄和佛理的玄虛再也引不起草根百姓的興趣，還是民間信仰的神明來得更親切、更實惠。

總體地看，民間總是以其實惠的要求、靈驗的方式和直接的訴求，並通過媚神 —— 祀神 —— 享神的過程、途徑，企圖把握現實世界和“飛升”神靈世界。如果神靈“失信”於民，那麼民間就會重新塑造一個新的神祇來填補心理空白。

由這個線索，我們可以對中國的民間神祇作出總結：

（1）中國民間神祇是特定社會土壤的產物，它源于遠古的自然崇拜，而頻繁的王朝更替和戰亂，殘酷的封建專制統治、瘟疫和災荒等，使得人們必須在惡劣的環境中尋找渺茫的生路。由於民間百姓總體文化素質偏低，對己、對人、對自然、對社會的多重無知，使他們無法自救和主宰自身的命運，只能把基本的人身權利交給神祇偶像，由此而形成了人界、仙界、極樂世界編織在一起的神祇世界，構成了中國人精神空間的一張網。

（2）神是人造的，是人們編織出來的美夢，但民間又很少無條件地確信某一神祇，無論是對佛、道或民間神，都是如此。民間大多數人對待神祇不是絕對信仰，也不是絕對尊敬。人與神的關係，總的來看還是"福"和"禍"的心理作祟，人們對神的態度基本上就是祈福和避禍，都是非常實利的。因此消除迷信心理和盲目崇拜，需著力解決的是提高人的認識與自信，以科學、理性的態度去追求生活的滿足。

（3）神祇信仰還告訴人們，在每一個神祇原型下，實質上潛藏著人類的某些心理訴求，因而推翻某一神祇，必須以另一更完美的同類原型信仰取而代之。否則，或是古老的神祇死而復活，或是出現信仰和精神危機。這或許是神祇研究給予我們的另一個重要的啟示。

論俗文學的傳播

—— 以吳地為中心

在我國民間文化寶庫中，吳地俗文學[1]無疑佔有重要地位。吳地民間歌謠即吳歌，在歷史上被稱爲 "吳歈"、"吳吟"、"吳聲"，對我國古典詩歌創作產生巨大影響；吳地的民間故事亦曾影響過明清之際的通俗文學創作。就近而言，吳地民間文學還與五四以後的新文學關係密切，20 世紀 20~30 年代許多著名文藝家都從吳地豐富的民間文學中汲取營養，創作了大量不脫吳文化格調的文學作品以及膾炙人口的通俗歌曲、言情武俠小說等等。鑒於吳文化孕育下的俗文學別具特色，且具有從未間斷的悠久歷史，因而對於它的研究具有重要的學術價值。本文擬從文化傳播學角度，探討吳地俗文學之緣起，以及與此相關的各種社會經濟、歷史文化等因素。

稻作文化：俗文學傳播的 "無形之手"

按照丹納的藝術觀，一種文學藝術的興起離不開原生環境的影響。地理季候作爲獨特的生態文化資源，往往給當地

---

1 吳或吳地，是一個地區概念，大致包括江蘇的南部和浙江的西部，也就是包括上海在內的整個長江三角洲地區。吳文化是指吳語地區的區域文化，吳歌是吳語地區傳唱的民歌。

文學藝術鎸銘地方個性，並對其發生和傳播起著無法替代的作用。這已經被許多鮮活的個例所證實。吳語地區位於長江下游的太湖流域，是亞熱帶與暖溫帶的過渡地區，氣候溫潤，土地肥沃，物產豐富，河港塘浦縱橫，湖泊棋布，素有“水鄉澤國”之稱。這裏是我國最早培植水稻作物的地區之一，現在仍是東南地區典型的水稻生產區。稻米，不僅是當地賴以生存的必需品，同時也構成了吳地最大的區域文化特徵 ── 稻作文化：一種以耕作水稻為生產方式，由此生發、形成的文化形態。可以說稻作文化對於吳語地區的生產和生活方式，以及吳地民間信仰和文化心理之成型，都產生了不可低估的深刻影響。

　　稻作文化表現在生產形式上，涵蓋著一系列精細而繁重的勞動。按照江南地區的生產特點，稻作生產至少包括播種、蒔秧、拔草、耘耥、施肥、車水、收稻、打穀、牽礱等工序，另加其他一些以小農經濟為特色的自給自足生產，如載果種菜、捕魚養殖、修田蓋房等等。如果考慮到中國農業社會的特點，還應該看到在當時特定的社會條件和生產能力的制約下，江南雖然有其他地區所少有的多種經營條件，但當地主要生活來源仍然是土地的產出。因此人們的悲苦與歡樂、喜悅與憂慮無不與腳下的土地緊密相連。另外，舊時科學不發達，農業豐歉，天時是一個很重要的因素（所謂“靠天吃飯”），而吳地大多種植單季稻，孕穗時間正好在六、七月間雨水最稀少的季節，所以吳地百姓的內心喜憂又與自然的天候狀況相聯絡。於是我們看到一些最樸素的吳歌，多是反映個人生活遭際的直白和感懷：

　　田底崩坼稻田黃，

　　車水人眼裏淚汪汪，

　　水牛落水又起水，

　　車水人勿及水中牛。"[2]

　　同樣類型的歌謠很多，可以說它反映了吳地俗文學的原始形態，同時也折射出吳地稻作文化的諸多側影。高爾基說過："如果不瞭解勞動人民的口頭創作，就不可能瞭解勞動人民的真正歷史。"吳地歌謠雖然象許多其他俗文學文本一樣，屬於即興文學創作，但其蘊涵的對於天候地收的感遇和勞動過程的體驗，卻深刻地展示了民間百姓生活和心靈的"歷史"。"勞者歌其事，饑者歌其食"，吳地俗文學實際上記載了一部立體、感性的區域文化史。

　　吳地俗文學有別于文人創作，是所謂高雅文學的"異類"、"另類"。它的"民間性"決定了俗文學以另一套話語系統展開自己獨特的敘事或抒情，它不能簡單地以知識份子給定的概念或邏輯去考察和評判。可是迄今為止，我們的學術研究還很少深入"民間性"的本體中，即用真正意義上的民間立場、民間心理觀照俗文化。由此反觀俗文學，這類素樸的歌謠單從藝術性而言，似乎是對勞動實況的白描，因而還罕有主客體交融的藝術魅力，但誰又能否認：正是這類缺少修辭文采和敘事策略的"杭育、杭育"的"歌者"，唱出了後來蔚為大觀的偉大俗文學史？

2　吳歌學會，《吳歌》，（北京：中國民間文藝出版社，1984），頁 44。其他論文中引用的吳歌均見本書。

　　吳地固有的自然資源歷經開發利用，至唐宋後已有長足進步。據史料記載，蘇州地區稻穀畝產唐代為 138 公斤、宋代為 225 公斤、明代為 333.5 公斤、清代為 277.5 公斤，稻作生產總體上呈上升態勢。正是由於單位產量的提高，吳地才能在人多地少、人增地減的情形下，仍然一直保持著商品糧供給，被稱為"國之倉庚"。1972 年在河南洛陽發掘出隋唐含嘉倉，就有來自蘇州的糙米一萬多石。[3]這些歷史資料表明，由於吳地傳統農業耕作制度的不斷改革，以及隨之形成的獨特的農學思想、農田水利、因土種植、改良土壤、增肥改土、耕作技術、間夾套種、精細管理、病蟲防治、經營方法、多種經營等，終於在此基礎上形成了具有吳地特色的經濟形態和風物景觀，而由稻作生產模式滋生出來的稻作文化，也在歷史性的傳承、發展中被賦予了越來越豐厚的文化內涵。

　　一些專家從中國地域文化比較中還提供了這麼一個獨特的考察視角：由於吳地稻作文化的不斷發展，以及江南"天高皇帝遠"的地域特點，吳地鄉鎮不像北方地區那樣對於政治文化投注過多的熱情，對帝王文化也往往選擇遠離或躲避的生存策略，他們把主要精力投入到開發自然資源、經營貿易經濟、創造傳統工藝等方面，於是在這塊浸淫著深厚稻作文化底蘊的土地上，逐漸構建起一種不可替代的文化現象 —— 即以"市隱"、"鄉隱"為特色的吳文化現象。近年來，有不少海內外學者都在關注這一饒有意味的"江南現象"，

---

3 石琪，《吳文化與蘇州》，（上海：同濟大學出版社，1992），頁 198。

雖然說法不一，但歸結起來爲：所謂“市隱”、“鄉隱”，特指一個特定的時期內顯性統治文化以外的亞文化，它以江南文化爲代表，以務實、創新爲品格，與北方政治文化形成對立互補關係。它的形成和發展，極大地推動了中國經濟和文化的發展。

在我看來，吳地獨特的文化品格對於俗文學的生長和傳播，具有十分深遠的影響。僅從近人顧頡剛、胡雲翹等採擷的吳歌和 1949 年以後收集到的長篇敍事作品中，我們可以看到一個重要文學現象：吳地俗文學鮮見“時政類”題材的文本，述唱的內容多與人們實際生活相關，如經驗世故、人生悲辛、掌故傳聞、生活哲理和家庭倫理等。時政類題材的稀缺，不能簡單地歸結爲是吳地民間講唱者能力所限，而應該從更深廣的背景上即我們常說的“社會風俗”、“社會風氣”去認識，似乎才貼近問題的本質。“市隱”、“鄉隱”其本義便在於對政治話語的遠離，那麼對於講唱者來說他們的文學注意力就必然在疏離主流話語之後實現轉向，隨之一些新的俗文學領域會得到充分開掘。

“吳聲自古多情歌”，這與其說是“水土多情”的自然現象，不如說是民間注意力轉向的結果。“情歌”，堪稱吳地俗文學一份寶貴資源。它的風行、繁衍，竟是在禁欲主義十分張狂的封建時代實在是一個奇蹟。這裏，不能不提到馮夢龍在吳地俗文學傳播過程中所做出的特殊貢獻。作爲一名對民間認識至深的藝術家，馮夢龍真正徹底的站在民間立場，探索著愛情能使“死者生之，生者死之，情之能使人一至於此”的底蘊。他是吳地俗文學特別是情歌的集大成者，他的貢獻不僅在於他對吳地俗文學的廣羅收集和獨特的民間寫作，更表現爲他開闢、引領了吳地俗文學發展的路向。自明之後，吳地俗文學走上了自覺之途，並以鮮明的吳地風格成爲中國文學的獨特一枝。吳地俗文學傳播在稻作文化"無形之手"的助推下，越來越趨向成熟。

二、民間信仰：吳地俗文學的"古老傳媒"

在考古學家和文化人類學家的著作中，有很多考察的材料表明：宗教信仰與文學藝術的關係極爲密切。從數萬年前的舊石器時代開始，原始時代的獵人爲了獲得獵物而進行的巫術活動，已經有意識地運用繪畫、雕塑、舞蹈、咒語、詩歌等具有審美意味的方式了。

任何宗教信仰都需要一種表現自己的載體，藉以馳騁心靈的幻想，從而攫取信徒的感情寄託。從宗教發生學角度考察，信仰本質上是一種虛幻的超自然的神秘體驗，在傳播人間的複雜過程中，必然要以某種具象的力量使人膜拜。顯然，這種膜拜帶有很多人的感情成分。在宗教儀式進程中，文學藝術的諸多門類，如繪畫、雕塑、舞蹈、音樂、咒語、贊詞等都神秘地參與，並擔負著一種特有的激發人情緒的作用。詹·喬·弗雷澤在《金枝》中提出過一個饒有深意的問題，他說："音樂對宗教的影響倒真是一個課題，值得平心研究一下。因爲我們不能懷疑，一切藝術中這個最親切動人的藝術在表達宗教感情乃至創造宗教感情上起了不少作用，所以初看起來它似乎只是爲宗教服務，它卻或多或少地修改了信仰的結構。"[4]其實，除了音樂這一訴諸聽覺的藝術外，宗教儀式中的詩歌和唱詞也起著不可替代的作用：它們不僅在儀式中直接喚起信徒的語詞聯想，同時也伴隨音樂、舞蹈等藝術抒發超塵脫俗的詩意情感。這兩方面功能，後來逐漸從信仰儀式中獨立出來，拓展出新的文學維度，成為俗文學中具有信仰意味的兩種類型：神歌和宗教戲劇。

神歌恐怕是最具信仰特質的詩歌，它不僅參與、伴隨儀式的整個進程，而且本身還是通神的工具。在古代乃至現代的民間信仰活動中，唱神歌都是必不可少的手段：請神要唱神歌，娛神要唱神歌，送神還要唱神歌。吳語地區的贊神歌《發符》中有兩句歌詞說明了這個原因："若要功曹歡喜，聽表生身出世"。也正是由於信仰儀式進程的繁雜性，使神歌呈現出多種生存環境下的普泛性；另一方面，由於"不管哪個民間信仰組織中請神，都要唱所請神的出身來源，就是他的身世，否則神就請不到。所謂請神歌，就是把神的出身來源頌揚一番，來討神的歡喜。除了請神歌外，還有許多在祭祀進行中間，串插進去唱的大部神書，這些也都是關於神道的故事，是用來娛神的，同時它也具有娛人的作用。"[5]吳地民間信仰品類繁多，神祇譜系龐雜，客觀上為神歌的傳播提供了優越的條件，所以吳地俗文學中的神歌數量之多是令人驚異的，這從一個側面說明，民間信仰與俗文學之關係是

---

4 姜彬，《吳越民間信仰民俗》，（上海：上海文藝出版社，1992），頁164。
5 姜彬，《吳越民間信仰民俗》，（上海：上海文藝出版社，1992），頁166。

相當密切的。

　　在吳語地區還有一類宗教戲劇，如用於酬神、娛神的"目連戲"、"僮子戲"、"醒感戲"、"鬼戲"等，它們原來差不多純粹也是為宗教的目的演出的，屬於驅鬼消災的信仰儀式的重要部分，但在走向民間過程中，其宗教的意義逐漸弱化，審美、娛樂的功能卻被分離出來，成為具有俗文學價值的新的文學品種。吳地宗教戲劇在傳播過程中逐漸被剝離、演化出大量俗文學作品，這一現象本身已說明：隨著民間信仰的世俗化進程，文學的功能是有可能與宗教的關係被顛倒過來，並獨立城為具有純粹審美意義的形式的。我們看到明清以後的民間宗教戲劇，實際上已很少信仰的成分，它只是借助宗教戲劇娛神的外衣，在行尋求美感、娛人娛己之目的。例如在吳地演出僮子戲時，演員為了調節觀眾情緒，在某些時候竟不顧宗教戲劇的神聖性，還會穿插純粹是世俗化的、甚至是色情內容的一些唱段了，他們名之謂"打蓮花"。

　　傳統民間信仰在歷史傳承過程中，往往會積澱成某種地方文化，持續地影響後來的文化創造，特別是俗文學的維度開創。這幾乎已為各地反映出來的文化現象所證實。吳地自古以來就是具有多神信仰的地區，同全國其他一些文化區域相比較，這種信仰既有漢民族的共同性，又顯示出鮮明的地域特色。吳地民間信仰與當地俗文學的交融、滲透，一方面借托宗教儀式直接反映出來，另一方面又貫穿在俗文學的觀念形態中，演化成具有信仰意涵的內容和形式。例如佛教信仰的講經、宣卷，道教信仰的唱道情、唱因果等，後來流入民間，被民間藝人廣泛吸收和傳唱。

　　這裏，不妨進一步從吳地俗文學對民間信仰的吸收、借鑒關係，來考察一番吳地俗文學的維度開拓：（1）佛教信仰：以觀音信仰最為普遍和深入，有關的傳說故事也最多。在這類故事中，觀音被塑造成善良、慈憫和法力無邊的化身，她基本上是按照女性的口味和願望重塑金身的；（2）道教信仰：吳地民間對八仙的信仰尤為熱衷，八仙故事數量極為可觀。這類故事不僅對八仙人物神化，充滿仙氣道術，而且情節生動、幽默，極有人情味。（3）鬼靈信仰：吳語地區流傳著許多鬼故事和不怕鬼的故事，這類故事為民間鬼靈信仰增添了色調；（4）龍信仰。這與古代吳地先人崇拜龍、蛇，以蛇為圖騰有關，可能也與本地區是稻作生產區難以分開，"稻禾離不開水，水之於水稻乃是不可或缺的東西，龍與水又是緊密不可分開的，龍能吸水入雲，呼風喚雨，因而吳越地區民間對龍信仰甚篤，有關龍的傳說故事花樣很多。"[6]（5）地方神和歷史人物神。吳地對巫術信仰和對五聖的信仰較為普遍和深入，有關這方面的傳說故事不僅數量多，而且還顯示了本地悠久的歷史文化傳統和鮮明的自然、人文特徵，在中國各地方文化中獨樹一幟。

　　除此以外，更具有深遠意義的是信仰觀念對俗文學的影響：它不僅賦予俗文學一種新的類型 —— 神話傳說，還給予這一類型以濃郁的浪漫主義色彩。如果說吳地神話傳說之所以在全國範圍內有典型性，那麼，我們不能不把它與當地悠

---

6 姜彬，《吳越民間信仰民俗》，（上海：上海文藝出版社，1992），頁635。

久的信仰傳承聯繫起來。從現存資料看，吳地的神話傳說可以追溯到史前文化。創世神話描述的開天闢地、戰勝洪水猛獸的英雄，顯然被賦予了原始思維中神性的壯舉。之後，隨著人們的思維步入近代、現代的進程，古代帶有神秘主義色彩的信仰逐漸淡化，但其中蘊涵的文學素質卻被放大、繼承了下來，並成爲很有地方特色的俗文學類型。這裏特別具有論說價值的是中國的四大傳說，即《牛郎織女》、《孟姜女》、《白蛇傳》和《梁祝》。這些民間傳說本來是爲漢民族共同繼承的文學財富，但在吳地接枝開花、代代傳播過程中，當地的文化傳統、地域特色、信仰心理都參與了故事改造，加入了別有情趣的吳地內涵。例如《牛郎織女》，吳地傳說這個故事發生在太倉和昆山的交界處，這裏的“黃姑廟”據說是故事展開的遺跡，有關情節也多與吳地俗信頗有淵源。《孟姜女》不但伴隨著蘇州的“春調”傳遍全國，而且當地認爲萬喜良就是蘇州一書生，孟姜女則是松江人（舊屬蘇州府），孟姜女尋夫出蘇州城，過滸墅關，去嘉峪關，路途中的許多歷險都發生在吳地，直至今天在蘇州鄰近到處有她的悲愴足跡。孟姜女最後反抗封建統治者以表忠貞，投身太湖變成銀魚，那最慘烈的一幕，也是吳地俗文學豐富中國民間文學最爲動人的大手筆。《白蛇傳》主要故事情節發生在吳文化的邊緣地帶 —— 鎮江，但蘇州民間卻有自己的文本增生：白娘子和許仙在蘇州開保和堂藥店，演出了盡人皆知的悲喜劇，後來小青流落昆山，一心苦練，要救出雷峰塔下的白娘子云云。顯然，吳地俗文學對中國神話傳說的豐富和發展，以及對於中國俗文學的維度開拓，其淵藪又可以推延到吳地豐厚的文化土壤，特別是蔚爲大觀的民間信仰。

三、"露天舞臺"：傳播方式與俗文學興盛

隨著研究者對俗文學傳播的認識越來越清晰，人們今天已普遍認同這樣一個事實，即我們不能簡單地用文人創作的傳播模式，來套用俗文學傳播的實況。很顯然，民間傳播這個網路自成一體，以自己特有的方式活動，以自己特需的內容爲資訊，在自己的體系中展開傳播。

俗文學傳播之所以"自成一體"，仍然要歸結到它的"民間性"。一般的說，俗文學的發生與傳播，本質上是一種自發性的行爲：在民間社會，田間地頭和露天舞臺的演唱或說書，其實並不能改善說唱者的社會地位或經濟狀況，它只是純粹意義上的個人愛好和自娛自樂。正如吳歌《吃飯要唱飯山歌》唱道：

唱唱山歌種種田，

唱山歌當飯過荒年，

唱仔兩隻半山歌吃四十五口飯，

唱仔廿一隻山歌過一年。

所以唱山歌、說故事，都只是爲了"尋開心"的創作意趣。在這一點上，俗文學與中國文學傳統之所謂"載道"、"言志"的文學理想有明顯差異。總體來看，俗文學絕大多數只具備娛樂、審美功能，它或遊戲、或宣洩、或打趣、或炫智，很少指涉 "故作高深"的主題。吳地俗文學承繼了中國俗文學這一傳統，其演唱的歌謠和述說的故事大多是在

農忙時節或閒暇之時藉以解乏打趣的，絕少寄託“一本正經”的深刻道理。例如，每逢盛夏稻田勞動最辛苦的時候，田地主人雇用專門唱山歌的班子打短工，他們在地頭唱歌，以激勵勞動或祈望豐收；晚上收工，東家用酒宴款待歌手，歌手則唱“謝酒歌”以答謝主人。其他勞動如搖船，路遙夜深，歌者也唱山歌以解疲勞，搖櫓扭綁時，盤答對唱或自問自答，形成了所謂“船歌”。還有一種情形在吳地也較為常見，歌手或故事手在穀場上乘涼時說唱，周圍聚集一群聽眾，逗趣打諢，熱鬧之極。

吳地俗文學的“露天舞臺”，從傳播形式看主要分兩種：一種是私人之間的個體傳播，另一種是公開場合的集體傳播。個體傳播可以情歌為代表。通過比較我們發現，吳地很少有類似我國少數民族中盛行的公開、集體對唱的“情歌”。吳地情歌一般有較強的“私秘性”，情感內斂而含蓄，以“情探”、“相思”、“冤苦”類題材居多，呈現出與江南文人創作中“才子型”、“才女型”文學相呼應的地方個性，代表作品如《約郎約到月上時》：

> 約郎約到月上時
>
> 看看等到月蹉西；
>
> 不知奴處山低月出早，
>
> 還是郎處山高月出遲？

男女雙方為了維繫已有的愛慕情感，用情歌來私下傳播心中的願望和冤屈，這是十分真誠也比較得體的做法，符合愛情心理學的一般規律。另一種是集體傳播，它是指傳播者以單個或多個，而受傳者為多數人之間的互相傳播方式。從根本上講，俗文學傳播應該是一種集體性傳播，離開集體，俗文學是無法傳播開來的，同時，在傳播過程中俗文學文本又不斷被眾人加工、修改、增刪，最後形成比較完美的文學形態。如孟姜女哭長城的故事，由一個人嘴裏傳到另一個人嘴裏，人們在講故事時不斷把同情這對夫妻的不幸與憎恨秦始皇暴虐的感情增加進去，故事的社會內涵越來越深廣，情節也越來越完整、生動，世世代代流傳下來，達到了婦孺皆知的程度。

除此以外，俗文學傳播還有自己獨特的傳播現象：在傳播關係中人人可以是傳者，人人又可以是受眾，人們參與傳播的面十分寬廣，而在傳播時雙方互相易位的現象也隨處可見。例如當一個農民在向一個或幾個農民述說一個故事的時候，後者又可以向前者補充他們所聽到的情節，這種及時性回饋以及傳受雙方不時的易位，這在民間傳播中是很常見的。可以說，吳地俗文學正是在那種盤答之中切磋長進，賽歌之時即興發揮，故事越說越精彩，歌謠越唱越動人，隨之一些故事簍子、山歌大王脫穎而出，乃至在方圓數十裏之內頗具聲名，有的由此成為職業藝人。

在這裏，我們不能不提及民間職業傳播者 ──　"藝人"對俗文學所作出的突出貢獻。如果說判斷任何一種文學是否興旺發達的重要標誌，就是看它能否出現一大批具有突出創造和獨特技藝的傳播者，那麼這些在"露天舞臺"上逐漸走紅的歌手、故事手堪稱是俗文學的"掌門人"。他們是人類社會中最早從農村體力勞動中分離出來的、有一定文化知識的人；他們一般記憶力較好，心靈手巧；他們除了會唱會表演之外，在剪紙、繪畫、書法、民間工藝方面都樣樣會上一點。他們能把幾百行乃至上千行的長歌背誦出來，還會即興創作。另外有些半專職傳播者，比如群眾中的意見領袖，他們往往擅長講故事、說笑話，長於在公眾場合起組織作用，喜歡打聽消息四處談論；還有一些流動性強的職業，比如常外出跑生意的人，走鄉串戶的貨郎、泥瓦木鐵等匠人，他們走動多、見聞廣，常常會給人們帶來各種消息傳聞。[7]正是由這些少數專職傳播者和半專職傳播者，以及難以數計的自發傳播者組成的俗文學傳播網路，覆蓋了整個民間文學傳播活動，為俗文學的興盛提供了不竭的源泉。

吳中自古多才人，加之深厚的傳統文化，獨特的秉承為吳地俗文學興盛提供了寶貴資源，並造就出大量富有靈氣的俗文學人才。在調查中我們發現，吳地百姓一般都具有不凡的口頭創作能力，在一些典型地區，如常熟白茆、吳江蘆墟等地，幾乎人人都能說會唱，唱山歌、說故事之傳統代代相襲，並成為日常生活的重要內容。當地還舉辦頗有規模的故事會、山歌會，行家裏手紛紛登臺獻藝、相互切磋，更為俗文學的傳播、發展創造了文化氣氛。我們可以提供一連串民間藝術家，如萬祖祥、陸瑞英、陸阿妹、蔣連生、姚祖根等等，他們之所以能說擅唱，一個重要原因即在於他們從小即受當地鄉里風俗影響，並且在耳濡目染中獲得了濃厚興趣，經過較長一段時間的磨練之後便在＂眾人堆裏＂脫穎而出。從這個意義上說，是以＂露天舞臺＂為代表的吳地良好民間文化氛圍，使當地俗文學之花越開越鮮豔。

---

7 孫旭培，《華夏傳播論》，（北京：人民出版社，1997），頁 372。

鄉土記憶與民俗意象
——來自太湖地區的風俗調查

　　有位學者說過："要研究中國民俗，不研究太湖地區的民俗不行。"作為一種傳承性地域文化，太湖民俗在中國眾多的地域民俗文化中，自有其獨特性。她猶如在沃土中生長的野花，風姿綽約，姹紫嫣然；她薰染了太湖地域文化的品質，也塑造了吳越居民的獨特性格。

　　"溯洄從之，道阻且長。"由於太湖地區歷史極為悠久，如果從古吳先民"斷髮紋身"、"刀耕火作"的古老習俗說起，該真正寫一部大書才能反映太湖風俗史了。為了述說的方便，這裏僅根據 1992-1995 年本人所作的"太湖風俗"調查，把存活於普通百姓的"鄉土記憶"，和獲得的"活"的風俗畫面，以"簡筆"的方式勾勒出太湖地區的民情風俗。

農桑稻作

　　太湖地區很早就是聞名遐邇的"魚米之鄉"、"絲綢之府"。所以說起太湖，人們自然會聯想到當地的物產 —— 稻、魚和蠶桑。這三個最基本的民間"意象"，串聯了太湖百姓眾多的生產和生活習俗，也構成了人們對"太湖"的文化想像。

先說稻。太湖地區氣候溫潤，四季分明，雨量充沛，河網交錯，這種自然條件最適宜於水稻生產。千百年來，這裏的先民就仰仗稻米作物繁衍生息，還創造了絢麗多彩的太湖文化。

“一年之計在於春”。春天給大地帶來新的生機，因此太湖地區自古就有“迎春”的習俗。立春的前一天，當地知府要率領官員去行迎春之禮，迎芒神和春牛。迎春時，儀仗隆盛，許多民間藝人扮成“昭君出塞”、“西施採蓮”之類的戲文，尾隨其後。迎春隊伍裏最出風頭的，則是一條頭上紮著漂亮彩球的春牛。其時，男女老少，觀者如市，人們爭相上前摸春牛，所謂“摸摸春牛足，賺錢賺得著”。

過去，何時立春是由官府根據天文曆法推算出來的。為了將立春的時間及時告訴老百姓，當時有“示農牛”的風習。早先，土牛的身邊塑著男女兩個農人，他們手執鋤頭，站在土牛旁邊，人們用這種泥塑作為送寒、迎春的象徵。後來，土牛邊上的偶像換成了古代傳說中主管農事的勾芒神。人們從芒神和春牛兩者之間的位置，可以知道春天的早晚。古詩雲：“土牛呈歲稔，彩燕表年春”。這正是“示農牛”習俗的真實寫照。這個風俗由來已久，據文獻記載，大致在商周時已有。到了宋代，又盛行起鞭打春牛的習俗 —— 所謂“打春”、“鞭春”。鞭打耕牛是農事的象徵，具有勸農的意思，後來發展成為祈禱豐年的風俗。

“人非土不立，非穀不食”。祭祀社神和稷神，也是太湖地區相當盛大的節日。社，即土神；稷，就是穀神，社稷就是土穀之神。（在以農立國的古代，社稷還被看作國家的

象徵。）過去，太湖地區到處都有土穀祠。每年立春後第 5 個
戊日，民間還有祭拜土神和穀神活動。而每到社日，江南農
村則要演戲給神看，這就是“社戲”。這種社戲發展到後來，
已不限於社日演出，春季二三月間，農事之前，人們搭台於
曠野，聚錢演戲，眾人圍觀。在蘇州地區，人們稱之爲“春
台戲”，古詩雲：“寶炬千家風不寒，香塵十裏雨還幹。落
燈變演春台戲，又引閒人野外看。”這首詩把當年野外搭台
演戲的民間習俗形象地描寫出來了。

　　太湖農諺：“清明穀雨緊相連，早稻地區種秧田。”農
曆三、四月份，江南稻作區就進入了農忙時節，農民們要做
秧田、播穀，要鋤地、灌水，然後就是蒔秧。蒔秧第一天叫
做“開秧門”，這一天各地農民大多要喝“開秧門酒”，菜
肴也特別豐盛。到蒔秧結束時，人們又要慶賀一番，喝一頓
“關秧門酒”。秧苗種上以後，農民便要進行除草、耥稻、
耘稻等一系列田間管理，還特別要注意水、澇、蟲的災情。

　　水稻離不開水，乾旱對水稻生長的威脅最大。當地農民
普遍以爲龍是掌管雨水的神物，所乙太湖地區龍王廟特別
多；而觀音常以手執楊柳枝、向人間普灑甘露的形象出現，
因此遇到天旱無雨，人們也常向觀音求雨。過去，斷屠（不
殺生靈）求雨、道士打醮（請道士齋醮，向上天乞靈）不靈
驗，那麼四鄉八鄰就會請太湖邊上光福寺裏的銅觀音。“銅
觀音求雨”習俗，儀式、場面十分壯觀，善男信女都來燒香
膜拜，祈求觀音降雨、賜福。

　　水稻生產活動是相當艱苦、繁重的。元代王楨《農書》
記述：“江東等處農家，皆以兩手耘田，匍匐禾間，膝行而

前，日曝於上，泥浸於下，誠可嗟歎。"可見"蘇湖熟，天下足"的美譽，實在是離不開勞動人民一雙手。如果再進一步瞭解太湖民間習俗的深處，更不難發現，從江南水鄉稻田之中誕生的吳歌，到民間對鳥、蛇、蛙的原始崇拜以及對龍王、猛將的信仰，乃至於人們的衣食住行，幾乎無不與水稻種植有關。伴隨艱苦的農耕生活和靠天吃飯的現實，江南的稻耕習俗傳承了數千年。

再說魚。江南地區自古以來就是"水鄉澤國"。三萬六千頃的浩淼太湖，則是一隻聚寶盆。俗話說："靠山吃山，靠水吃水"，故而當地百姓自古"民食魚稻，以漁獵山伐為業。"按歷史的觀點看，漁獵經濟總出現在農耕之前，考古學家也從出土文物中發現了五六千年前先民們從事捕撈的物證 —— 當時已能用類似魚網的漁具到太湖廣闊的水域捕撈了。

最初的捕魚應該是很簡單的，往往只是在河邊淺灘摸捉，或乾脆"竭澤而漁"。後來開始使用魚梭、魚標這類的捕魚工具，並逐漸學會在河流中堆石或集積枝條的方法，用來截留因水流漲落而往返的魚類。再後來出現了竹編的漁具，並慢慢發展到"結繩為網"的階段。[1]大漁船的出現，是一個標誌性的太湖漁業事件，它不僅給太湖捕撈帶來活力，增加了漁業數量，而且表明漁民的生產和生活方式出現了飛躍。據《震澤縣誌》記載：清乾隆時，太湖中"商艘民船來往如織，其中有千斛漁舟，風帆六道，遠若浮鷗，近如山湧。

---

1 蔡利民，《蘇州民俗》，（蘇州：蘇州大學出版社，2000），頁 16。

又有輕舠似葉，沖風駕浪，出沒深波，見者膽寒”，已是“漁家處處舟爲業”了。太湖漁民在漫長的搏擊風浪過程中，逐漸形成了自己的生產經驗和生活習俗。

先讓我們來見識一下太湖漁船。最大的叫“七扇子”，因船上有七道帆而得名。這種漁船長約 25 米，寬約 5 米，載重在 60 噸左右，民間傳說是由南宋岳家軍的戰艦演變而歷來；另一種五桅大漁船，漁民稱之爲“北洋船”，相傳是由海洋漁船演變而來。這些船，時而在海上作業，時而到太湖捕撈，成了“海 — 湖”兩栖船。到了清代，由於橋樑和水利設施增多，大船桅杆進出不便，這些漁船就在太湖“定居”了；還有一種是裝三道帆的“三扇頭”漁船，它長約 20 米，寬約 3 米多，載重量在 25 至 30 噸之間，是太湖裏的中型漁船。其他還有“鉤船”、“絲網船”等小型漁船，多以網截流而漁。20 世紀 80 年代以前，太湖地區還可見到用鸕鷀（魚鷹）捕魚的小船，史書記載，太湖地區用鸕鷀捕魚始于宋代，到明代則“處處水鄉有之”了。顧炎武《肇域志》雲：“南方漁舟，往往麋蓄數十，令其捕魚。”記述的就是鸕鷀捕魚的小船。

舊時漁民按船隻大小、漁具漁法不同，結成不同的作業團體 — “幫”。不同的幫之間，互不通婚，而在幫內卻有普遍的換親現象。以大漁船論，一般有七至九個勞動力，“老大”是漁船上的舵手，爲一船之主；“看風”在下網捕撈時負責看管航向和網張；搖舢板的叫“擋櫓”，由中年漁民擔任；排網的漁撈手叫“下肩艙”等。船上等級森嚴，吃飯時大魚上桌，魚頭要放在“老大”面前，魚尾則要放在“擋櫓”

那邊，"下肩艙"吃中段，這已成為漁民們約定俗成的規矩。漁民生活還有許多禁忌，如吃魚只能從上爿吃到下爿，決不能將魚翻過身來吃——魚翻身是翻船的不吉利象徵。漁民最怕擱淺、觸礁之類的事，因而吃飯時不能把筷子擱在碗沿上。筷子古代叫"箸"，"箸"可與"住"同音，而漁民們最怕船兒被"住"老，不能前行，他們最希望的是行船要"快"，所以後來漁民們乾脆把"箸"改稱為"筷"，與"快"諧音。

大漁船穿梭於太湖之中，終年捕魚湖上，船上漁民自己不便進港賣魚，於是一種將漁船捕撈到的漁產販運到魚行去的"行帳船"就應運而生了。清《太湖備考》詩云："左右帆開勢拍張，一拖九九起魚忙。酉過稍後西風死，行帳船來便上行。"描寫了行帳船販運魚貨的情景。做行帳船生意的大部分也是太湖漁民，只是他們除了捕魚以外，還從事魚貨販賣而已。他們對漁船和魚行之間都很熟悉，供求關係一經建立，往往會固定很長時間。後來也出現過專門受雇於魚行的行帳船，他們的"傭金"就很低了，僅收取一定的運費和船金。行帳船到埠後，於是城鎮碼頭、市場就活躍起來，小漁船沿街吆喝賣魚，或直接售給魚行，或送到牙行代銷，或自己到集市設攤，或走街串巷一路叫賣。

太湖地區的造船業可以說是漁業捕撈延伸出來的風景。蘇州的船匠，大多聚居在靠近湖河港汊等村落、集鎮的邊緣，像滸關、蠡墅等水網地區的荒坡野地，過去就住有許多船匠。這些地方緊靠水域，便於修造的船隻下水，工作時發出的聲響也不會影響附近居民的正常生活。由於船匠工作的場地都選擇在水灣、荒坡與灘頭，做的都是沒遮沒掩的露

天活，所以與其他工匠相比，他們往往被人看低三分，人稱
"粗漢野匠"，喚作"粗船匠"、"野木匠"。他們頭戴破
氈帽，腰插魯班斧，身背幹活家什的箱子，四出遊走，尋找
東家，而他們腰間所纏的紅綠白三色相間的"青龍帶"，更
成了太湖船匠們的職業標誌。

　　據說，太湖的船匠有兩大絕技：一是能用木材造出各式
各樣的船隻，能用撚麻絲油灰嵌得整條木船滴水不漏；二是
船匠們敲起榔頭來可真有一功，不僅節奏鏗鏘，而且韻律動
人："蓬得嗒，蓬得兒嗒，蓬的的嗒……蓬蓬！"船匠們稱
之爲"花錘"或"花榔頭"。這音響可是千錘百煉的真功夫
── 它是在釘銑拼板或撚縫砸鑿柄時，運用手腕錘擊的輕重
快慢而敲出來的榔頭曲，它與船作師傅嫻熟的技巧有著密切
的關係。

　　蠶桑習俗和其他民俗文化一樣，也是太湖先民遺留下來
的寶貴民間文化遺產。太湖地區的養蠶習俗，堪稱一道獨特
的風景。每年清明前，嫩綠的桑葉伸展出來了，桑樹田田。
湖州、吳江等蠶鄉，經常會看見民間藝人挑了擔子在各處串
家走戶，擔子上供放著馬明皇菩薩像（民間傳說，馬明皇是
第一個發現蠶的人，故而成爲蠶農崇拜的神靈。）藝人挑著
擔子，每到蠶農門前，就高聲叫道："蠶將軍來哉！"接著，
就手持木魚、小鑼，邊敲邊唱起來：

　　　一隻葉船開到洞庭山，

　　　一隻開到桐鄉縣。

　　　東山木頭西山竹，

　　　山棚搭到滿間屋。

小繭做得像雞蛋，

大繭做得相鵝蛋。

東面絲車鸚鵡叫，

西面絲車鳳凰聲……

蠶家認為，這首歌能為他們今年的蠶事帶來豐收，所以聽了高興，就要送些米、面等食物給他們。藝人還會用紅紙剪成貓、獅等形象貼在蠶農家的大門上，這就是所謂"蠶貓"、"蠶獅"。養蠶最怕老鼠，"蠶貓"、"蠶獅"則能把老鼠鎮住。

桑葉是蠶的口糧，所謂"方方一寸，寶寶一頓"。桑葉的長勢直接關係到蠶繭的收成。清明一過，蠶事就將開始，所以清明時節到田頭看桑葉便成一俗："清明一粒穀，看蠶娘娘朝俚哭；清明雀口，看蠶娘娘拍手。"這諺語是說，要是清明時節桑葉還只有穀粒那麼大，蠶農就要急得哭了；如果清明時桑葉比較大，已有"雀口"那麼大，說明桑葉長勢好，蠶娘娘也要拍手了。養蠶三周後，蠶吃葉更多，所以民間有"官船要讓葉船"的說法。桑葉是蠶農的命根子，如果桑葉供應不上，蠶農即使賣房典地，也會設法把桑葉買回家。蠶農有諺："沒骨頭的蟲，吃得下三間房。""沒有牙齒，吃盡三間房子。"

開始養蠶前，蠶農們都要將木頭做成的三棱形的"蠶台"，從屋裏拿出來修補好，還要將養蠶用的"蠶笪"用"糊笪紙"糊好，並且還要貼上"聚寶盆"和"蠶花太子"。開始養蠶後，蠶戶都在自家門口掛上"棚薦"（一種草簾子）。掛上草簾，既是保暖，也是對外人的提示 —— 請勿入內，因爲蠶室是不得隨意闖入的，此爲規矩；蠶養不好的人到別家去，更爲禁忌，主人會很不高興，甚至臉露慍色，甚至待此人走後，主人還會取一束稻草扔出門外，或吐幾口吐沫，或燒一點東西，以將“晦氣”帶走，此爲“驅鬼”。左鄰右舍非要入蠶室不可，必須先在門外輕輕喊，裏面輕聲答應後才能進去，而且還得摘一片桃葉或一枝桃樹枝帶進去，講話也要輕聲細語。這些禁忌看起來有迷信成分，其實是有一定科學道理的，因爲蠶的體質十分嬌嫩，極容易感染病菌，外人不得入蠶室，是爲了防止將病菌帶入蠶室而採取的措施。從這些習俗中，不難看出當地蠶農具有豐富的養蠶實踐經驗，有些習俗至今不失借鑒作用。

當蠶爬上“蠶台”結繭時，各家親朋好友都會來“望山頭”，互相探望，互贈禮品。預祝蠶花收成好，能收二十四分（二十四分是蠶農們所希望的最高、最吉祥的收成數字）。送禮通常是娘家送給女兒家，最常見的禮品有黃魚、韭菜、水晶糕、水果、線粉、梅子、枇杷等。蠶農的辛勞、汗水、煩惱和喜悅，總是凝結在收穫的一刻，而最後能不能賣個好價錢呢？短暫的幸福於剎那間又被無數個疑問取代了。現代著名作家茅盾先生在小說《春蠶》中，就曾入木三分地描摹過江南蠶農的喜憂和悲辛。

衣食住行

從文化生態學角度看，人類的生活隱含了一串“生態鏈”：自然環境決定特定的生產方式，而生產方式又延伸出具體的生活內容。以太湖流域爲例，如果沒有水，就不會有稻和魚，沒有稻和魚，也不會有美味的魚饌、醖香的米酒；如果沒有水，就沒有水稻生產，也不會產生甪直、勝浦、唯亭一帶那種獨具特色的水鄉婦女服飾，也不會有坐北朝南、臨水傍河、前帶場地的那種江南民居；如果沒有水，也不會有以船和橋為特色的水鄉交通……總之，太湖地區人稱"魚米之鄉"，或給人以剪影式的"小橋、流水、人家"的印象，莫不與本土環境和生產方式聯在一起。

人們習慣於把某個地區的生活習俗簡化為"衣、食、住、行"四個方面。太湖地區的風土人情，也確實可以從這四個方面加以認識和體味。不妨一一述之。

"民以食為天"。"民食魚稻"是太湖地區歷史悠久的飲食習俗。米是江南人的命根子，有粳米、秈米、糯米之分。粳米一年一熟，性軟味香，可煮乾飯和稀飯；秈米有早、晚兩熟，性硬而耐饑，適於煮飯；糯米粘糯芳香，常用來製作糕點或釀制酒醋，也可煮飯。"吳田黑壤腴，吳米玉粒鮮。長腰羓犀瘦，齊頭珠顆圓。紅蓮勝雕胡，香子馥秋蘭……"從范成大詩文中可以看出，太湖的米品十分出眾。

太湖地區農村，以一日三餐、"一乾兩稀"為多。農忙時人手少、時間緊，粽子、"面衣"等食品既省時又耐饑，就成為主食。特別是粽子，包裹煮熟後容易存放，不易變質，攜帶方便，非常適合於稻作生產。蒔秧時節，晚上收工後，飯菜就特別豐富，此時新蠶豆已經收穫，飯桌上往往有油鹽豆、炒油豆，當時正好是太湖銀魚捕撈季節，河裏蝦正產子，所以常有銀魚炒蛋、白蝦炒蛋等佳餚，另外還有韭菜炒蛋、捏麵筋、臘肉、黃花魚、菜花頭幹、鹹蛋等菜肴。

　　太湖是吳文化的搖籃。太湖的水浸潤了吳地稻作文化，太湖的魚更滋養了吳人的肌體。"太湖三寶" ── 銀魚、白蝦、梅鱭，是太湖著名特產，曾作為貢品，年年遠輸京城。太湖中還有一種珍稀魚類 ── 鮰魚，絕無僅有，尤以 11 月太湖所產鮰魚的肝、肺為原料烹煮出來的鮰肺湯，肉肥湯白，無比鮮美。1929 年國民黨元老于右任先生在木瀆石家飯店品嘗該道菜後，讚不絕口，欣然寫下七絕一首："老桂花開天下香，看花走遍太湖旁。歸舟木瀆猶堪記，多謝石家鮰肺湯。"後來李根源先生為該店寫下 "鮰肺湯館" 匾額，由此石家飯店遠近聞名。

　　"西塞山前白鷺飛，桃花流水鱖魚肥。青箬笠，綠蓑衣，斜風細雨不須歸。" 唐代詩人張志和的《漁父歌》描畫了一幅江南陽春三月漁父垂釣圖，可見太湖的鱖魚早就聞名。想像一下，每當春來，桃花水發，鱖魚肥碩可食，一杯老酒下肚，最戀家的人也是 "不須歸" 了；至於鱸魚，也是太湖所產美味。晉代吳人張翰在洛陽做官，秋風乍起，就想到故鄉鱸膾、蓴羹之美味，竟然掛印辭官，從此隱退鄉里，這就是成語 "蓴鱸之思" 的出典，不難想像鱸魚、蓴菜這兩道佳餚的魅力。蘇州吳江素以鱸魚聞名，人稱 "鱸鄉"，明代蘇州才子唐伯虎到吳江品嘗鱸魚後，曾賦詩歎曰："鱸魚味美村醪賤，放筯金盤不覺空"。

　　江南一帶的人一般不吃鯉魚，因為鯉魚要跳龍門，而且鯉魚多子，當地人把它視為宜男之兆。蘇州桃花塢木刻年畫上的胖小子就抱了一條大鯉魚，逗人喜愛；未孕婦女也會買一張貼在房間裏，以祈得子，並望子成龍呢。

　　太湖地區的農民的服飾儘管有勞動服飾、日常生活服飾和婚嫁服飾之分，但最基本的服飾應該是勞動服飾。這種服飾與稻作、漁獵生產有關，必需滿足勞動的需要。至於其他服飾，多是從這基礎上發展演化而來。

　　過去的服飾有長短之分。所謂"長"，就是長衫，多爲商賈、鄉紳、讀書人等非體力勞動者穿著。農民爲了便於田間勞動，必須穿短裝。稻作區一般都是上穿短衫，下著褲、裙。還有一種大腰褲，腰圍特別大，要折疊以後才束褲帶，不論藍褲、黑褲（多以年齡而定），都有五寸左右寬的褲腰。這種大腰褲的褲襠十分寬大，便於起蹲等動作。

　　裙子更是江南稻作區農民所不可缺少的服裝，因農田勞作時也常穿著，所以又稱"作裙"。這種作裙，下擺大，穿在身上行動自如，腰帶一束，將上衣收緊，冬天禦寒保溫，夏天輕便風涼，還能防止葉芒劃傷。過去農夫就常穿著作裙下地，農村婦女更是不離作裙，無論老少。蘇州習俗，婦女不穿裙而見客，哪怕穿著長褲，也被看做是大不敬的。可見，裙子是江南稻作區最普遍的下裝了。

　　在封建禮教把女性身體加以神秘化的時代，太湖地區的女性服飾 —— 胸褡，不妨被看作是一個蔑視傳統的特例。胸褡，也稱肚兜，形似單面背心，實際只是一塊棱形料子，棱形上端兩角釘上紅絨線或銀鏈子，系於頸上，垂於胸前，腋下兩端綴以腰帶，結在背後，起到遮胸露背的作用。手巧的姑娘還常在胸褡上鑲嵌美麗花邊。在稻作生產時，彎腰和身體擺動的動作較多，整個身體不停地左右晃動，因此女性的雙乳也會隨之晃動，有了肚兜護胸，減少了乳房的擺動，使婦女勞動時更加輕快利索。

太湖地區農民，男性雨天戴箬笠避雨，夏天戴草帽防暑，冬天則戴氈帽禦寒，這種形象已經成為人們對江南農民的典型記憶。而婦女的穿戴，最突出地表現在勝浦、甪直、唯亭、陳墓一帶農村的女性服飾上。她們梳"盤盤頭"，紮包頭巾，著拼接衫，穿作裙，裹卷膀，蹬繡花鞋，正所謂"青蓮衫子藕荷裳"，渾身上下透著水鄉氣息。清人戴九靈有《插秧詩》，生動勾畫了水鄉婦女勞動和服飾之美："青袱蒙頭作野妝，輕移蓮步水雲鄉。裙翻蛺蝶隨風舞，手學蜻蜓點水忙。緊束暖煙青滿把，細分春雨綠成行。"如今這種水鄉婦女服飾引起了服裝設計師的興趣，經過加工和改造，頻頻亮相在 T 形舞臺和服裝展銷會，已成為水鄉服飾文化的一種典型標本。

太湖地區還是著名的"絲綢之鄉"，以綾羅綢緞為衣的歷史也綿延數千載了。"環太湖諸山，鄉人比戶蠶桑為務"，明清之時，蘇州、湖州、盛澤等地，成了"日出萬綢，衣被天下"的絲織業重鎮，出現了"萬戶機聲傳小巷"，"晴翻千尺浪，風送萬機聲"，"染坊罷而染工散者數千人"的景象。至於以刺繡點綴服飾，後來又單獨發展出一門技藝 —— 刺繡藝術，它針線細密，設色精妙，"佳者較畫更勝"。從明清而到民國，刺繡已成為當地姑娘的必修課，以至於城鄉到處見"家家有繡棚，戶戶有繡娘"的情景。舊時，人們在托媒擇偶時，男方都要看姑娘的繡品，繡品就是人品，以此瞭解姑娘是否聰敏靈巧。姑娘的閨中繡品，如荷包、香囊、扇袋、眼鏡套，乃至裙袍、披肩、襯衣、鞋帽等等，往往是陪嫁中不可少的嫁妝。

太湖稻耕生產對居住民俗影響深遠。特別鮮明的印象，是在當地的農舍結構和佈局上。農村住房，都有"場"，所謂場，就是民宅用來打穀、曬糧、堆柴禾的空地，一般以磚砌成，貧困人家就只能用泥場了。靠北近房的場地，當地人稱之為"上場"，與正房相對而離得較遠的地方，叫"下場"。秋收稻割以後，稻子在田野裏放曬三日，農民便將它們紮成捆，用船運到家中場上脫粒，然後稻穀也要在場上曬乾，軋成米放入存糧的米囤。

稻作生產和水不能分離，太湖地區是水鄉澤國，河網密佈，所以農家一般都有船，罱河泥、送糞肥、運稻草等等都要用船，因此房子大多造在河邊，屋前大多也靠河，這樣吃水、洗刷都方便，停船也便當。有船人家還要在河邊造船棚，一般用竹子為架，富有的以木材造船舫，甚至有以條石為柱的石船舫。這些都不難看出生產方式對人們生活習俗的影響。

太湖地區民居，一般都坐北朝南，民間有"祖上傳下朝北屋，世世代代朝俚（他們）哭"之諺。坐北朝南可以獲得充足的陽光，能曬穀子和柴禾，也使住房多暖夏涼。下場頭一般無房，只有比較富足的人家才在下場造房，稱為"下場屋"。有些人家沒有下場屋，場的周圍也沒有圍牆，就在正房的後面搭建一排比長房矮小、簡陋的房屋，用作牛棚、豬棚和堆放農具、雜物的偏屋。一些較富裕的村子，如西山東村，有的人家還專門闢有用來放糧和柴禾的房間，所謂"糧倉”、“柴房”；一般人家就在客堂或房間裏，用“繕條”（一種篾編的長席子）或稻草圍成米囤存放口糧。

民間房屋的間數一般為奇數，如三間、五間等，以三間為例，如果是一家居住，一般是東房西灶，中間作客堂；如果是兩家分居，則往往是中間客堂合用，兩邊各一戶人家。兩邊房子的佈局是，外面搭灶，裏面作房，所謂“灶頭連房”。倘若兄弟合住，一般是哥東弟西，如有下場屋和老人，那麼老人就住在下場屋中。

太湖地區民間強調“亮灶暗房”，即灶間要亮，房間要暗，有“亮灶發祿，暗房聚財”之說。其實，灶間亮有利於農時早起做飯，可以節約燈油；房間暗，符合農民富不露財的心理，給人以安全感。客堂是家人平日吃飯、團聚、會客、宴請和進行家祭之所，一般在住房中間。客堂內通常擺有八仙桌和長桌等傢俱。房間陳設以床、櫃、櫥為常，講究美觀實用，大多置備雕花大床，床前有踏腳板。床必須與房間同向，否則成“騎梁床”是不吉利的。至於太湖地區明清時代官宦商賈所築的深宅大院，這類住宅比較講究，主軸線上往往建有門廳、轎廳、大廳、住房等，左右軸線上則佈置有客廳、書房、次要住房和雜房等。各組住房之間均有備弄交通，每進之間辟有庭院，有的還在宅後或宅之左右建有花園。

農村住房常繪有各種吉祥圖案，多突出吉慶祥和之意。如魚、蓮組合，寓意“連年有餘”；魚、蝙蝠、磬組合，寓意“福慶有餘”；佛手、桃子、石榴組合，寓意“福壽三多”。除此以外，還有以文王訪賢、郭子儀做壽、三國故事以及二十四孝等內容為圖案的裝飾性繪畫、磚雕、木雕等等。

　　太湖地區河網眾多，人們出行只有克服了水的阻隔才能往來。因此船多橋多，成了當地的一種風貌，也形成了許多與交通有關的習俗。

　　直至 20 世紀 80 年代以前，太湖一帶各鄉鎮間還大多以船交通。有種專供載客的航船，艙中兩邊搭有坐板，一船可搭乘 30 多人。它們除了途經各客埠、碼頭停靠搭客外，在荒阪、野地、橋頭、岸邊也隨時可以停下載客。夜航船則於傍晚從某地開出，第二天凌晨到達目的地，它船身較大，有的分上下兩層，下層載貨，上層乘客。坐船雖然速度較慢，為解除疲勞、寂寞，乘客往往互相攀談，因此航船又成了傳播社會新聞、民間傳說的場所。

　　如果說船是水上工具，那麼橋便是陸上交通。俗話說"村村有河，河河有橋"，又雲"水港小橋多"，又是江南水鄉的一大特點。這裏橋的種類繁多，除了按橋的材質可哥分為木橋、竹橋、石橋以外，還可以按橋的形式分，如橋孔呈方形的石橋，上擱木板的穿孔橋，河中立柱的三節橋，當然還有與輕柔水波相映襯的石拱橋。橋，成了太湖流域別具特色的重要景觀，也終於勾連出完整的"小橋、流水、人家"的風情畫。

郊遊娛樂

　　按照民俗學的分類，民俗可分為物質性的民俗和精神性的民俗。上述有關太湖地區的民俗事象，多與當地人們的日常生活有關，或者是由滿足人們生存需求的活動伴生出來的，因此基本上是一些物質性的生產、生活習俗。但"一方水土養一方人＂，我們注意到，具有靈巧秀慧、心思細膩、重教崇禮的江南人，從不滿足於物質上的享受，更重視精神上的追求；他們用勞動雙手描畫錦繡江南，還用心智打造適於安居樂業的＂遊樂原＂。在這塊土地上，風花雪月皆有文章，飛蟲鳴鳥也能成趣，於是早春探梅、盛夏賞荷、中秋遊湖、種花養草、鬥蟲遛鳥……這一切成了雅俗共賞的地方風俗。

梅花＂獨先天下而春＂，是春的使者。所乙太湖地區的蘇州、無錫等地，每至農曆正月底、二月初，便紛紛到山野的鄧尉山、梅村等地探梅，打聽春的消息了。蘇州人探梅多去鄧尉山，此山毗鄰太湖，位於光福鎮旁。據說東漢大司徒鄧禹曾在此隱居，山名即由此而得。登尉一帶農民以樹爲業，＂植梅者，十中有七＂，種梅歷史十分悠久，有＂種梅如種谷＂之喻。每當早春二月，山前山后梅樹成林，繁花如雪，疏影橫斜，暗香浮動，花樹隨山坡起伏，延邐數十裏，儼然一片花海。康熙中巡撫宋犖游光福諸山，爲美景所動，題下＂香雪海＂三字。從此這裏的名聲更盛，鄧尉探梅也日久成爲春遊習俗。太湖一帶探梅的去處當然不止幾處，鄉野幾乎到處都有梅花可賞，人們所以訪梅、尋梅、探梅，無非是品味生活的一種方式。

張遠《南子歌》曲道：＂六月今將盡，荷花分外清，說將故事與郎聽。道是荷花生日，要行行。粉膩烏雲浸，珠勻細葛輕，手遮西日聽彈箏。買得殘花歸去，笑盈盈。＂曲中寫的是平日少出家門的女子，聽說荷花生日，便翠蓋紅衣，到各賞荷勝地去納涼觀荷去。環太湖一帶賞荷佳處很多，西山消夏灣算一個。消夏灣在西山島西南，相傳吳越春秋時吳王夫差曾在此建消夏宮，夏天常帶西施歷來此觀荷避暑。如今宮闕早無影蹤，但這裏的荷花還是燦若錦繡，引來無數遊人望月納涼。那婷婷玉立、濯清漣而不妖的風姿，恐怕最是觸動心靈深處的影像了。

　　到過上方山和石湖麼？農曆八月十八前後，上方山廟會引來江、浙、滬人燒香祈神，已是一景，而對於絕大多數人來說，至少游石湖賞月堪稱一年一度的夜景逍遙遊。石湖北邊有一座九環洞橋，叫做行春橋，相傳農曆八月十七、十八夜，當滿月偏西時分，行春橋九個環洞的北邊水面，每洞都顯現出一輪月影，形成"串月"壯景，以至於沈朝初《憶江南》，也沒有忘記把這一景象描寫出來："蘇州好，串月看長橋。橋畔重重湖面寬，月光片片桂輪高。此夜愛吹簫。"而范成大更說："凡游吳不至石湖，不登行春，則與未始遊者無異。"至於上方山借陰債習俗，也值得研究：太湖流域，包括蘇州、上海、無錫、浙江嘉興、湖州等地的善男信女，都蜂擁到上方山頂，虔誠地焚香膜拜，或借陰債，或求子求福，或求醫求壽，也是熱鬧非凡。無疑，在相當長的歷史中，游石湖和借陰債，是太湖地區規模最大、內容最爲豐富的民俗節慶活動。

　　太湖地區的民俗活動還包括眾多的內容，如人生禮儀、文體娛樂、歲時節令、民間信仰，它們都承載過人們的歡樂與痛苦、喜悅與憂傷、回憶與期盼，但限於篇幅，這裏不再一一詳述。最後，讓我們在悠悠飄來的一脈心香——吳歌《十二月風俗山歌》中，結束對太湖風俗的歷史回望：

正月半，鬧元宵，
二月二吃撐腰糕，
三月三，祖師苞，
四月十四白相神仙廟，
五月端午粽子箬葉包，
六月裏，大紅西瓜顏色俏，
七月七，露仔鴛鴦水來乞巧，
八月半，白果栗子一道炒，
九月九吃重陽糕，
要想看會等到十月朝，
十一月裏雪花飄，
十二月廿四飴糖送灶糖元寶。

宗教幻像與文化遺存
── 來自太湖地區的信仰調查

　　我國本土宗教 ── 道教以及外來的佛教，約於東漢末與三國時期先後傳入太湖地區；而當地古老的原始信仰，至遲在新石器時代就已經形成了。這些宗教信仰與本土文化撞擊、融合而得以生根和發展，並逐漸滲透到哲學、倫理、文學、藝術和民俗等各種文化形態中。

　　在文化發達的吳地，各種宗教是各有尊奉，也互有聯繫。著名道士葛洪融道於儒，另一著名道士陶弘景則尊崇佛教，而且歷代均有不少道士與佛徒宣導佛儒道三教合一論；另一方面，歷代又有更多的文人士大夫，或崇佛，或崇道，或對兩者兼而有之，並融佛道於儒，從而造成儒、佛、道三者你中有我、我中有你的複雜狀態，並影響吳文化的各個領域。至於太湖地區的民間信仰，其內容更是糅合、互滲的，很難加以絕對地區分；它產生的時代極其古老，但生命力極其頑強，正如詹·喬·弗雷澤所說：“恰恰是那些最古老最粗糙的迷信，生命力最頑強，而那些雖然也是錯誤但卻是更現代更文雅的觀點，卻很快就從大眾的記憶中消失了。”民間信仰的特徵由此可見一斑。

　　太湖地區的佛道及民間信仰，是一筆豐富而珍貴的歷史文化遺產，它對當地的社會、經濟、文化和文學藝術都產生過重大影響。僅以看得見的遺存而論，宗教文化不僅萌生了眾多的古建築，保存了大量的經典著作和碑刻，孕育了道教音樂，收藏了大量名家字畫和各種佛像珍品等等，而且作爲風格獨異的文化奇葩，還豐實了太湖地區的文化品類和內涵，對當地人們的精神影響也不可忽視。

本文將根據我在 1991 至 1993 年間所做的太湖地區宗教信仰調查，並結合歷史文獻資料和現存實物，對太湖地區的宗教信仰作一概述。爲了敍述的方便，這裏分佛教、道教和民間信仰三個方面予以介紹。

佛教勝地

佛教是世界三大宗教之一。西元 3 世紀前後，佛教經緬甸、阿富汗、巴基斯坦，分別從南北二路傳入中國。佛教傳到吳地，大約是在東漢末年。當時，有一位督管（官銜）名叫笮融（？－195）篤信佛教，他利用掌握的錢糧，"大起浮屠祠，以銅爲人，黃金塗身，衣以錦彩，垂銅盤九重，下爲重樓閣道，可容三千餘人，悉課讀佛經，令界內及旁郡人有好佛者聽受道，複其他役以招致之，由此遠近前後至者五千餘人戶。每浴佛，多設灑飯，布席于路，經數十裏，民人來觀及就食且萬人，費以巨億計。"（《三國志》卷四九《吳書·劉繇傳》）這是中國正史中第一次關於興建佛寺佛塔、建造佛像以及民間信佛的記載。

三國時期，吳國佔據長江中下游廣大地區。西元 229 年，吳主孫權遷都於建業（南京），使之成爲吳地政治、文化的中心，建業遂成爲吳地佛教的播火之地。西元 222 年，大月氏後裔、佛教居士支謙從洛陽來到吳地。支謙"博覽經籍，莫不究練；世間藝術，多所演習"。他與鄉人數十，共奔於吳。"孫權聞其博學有才慧，即召見之，因問經中深隱之義；應機釋難，無疑不析。權大悅，拜爲博士，使輔導東宮，甚加寵秩。"（《出三藏記集·支謙傳》）從黃武元年（222）到建興（253－254）中，支謙經過30多個春秋的努力，翻譯了《大明度無極經》、《維摩詰經》、《大阿彌陀經》、《本業經》、《首楞嚴經》等大小乘佛典36部，成爲三國時期譯經最多的人。尤其是所譯的《道行般若波羅蜜經》對佛教思想在吳地乃至全國的傳播起了主導作用，所譯《大阿彌陀經》、《般舟三昧經》爲漢代淨土思想奠定了基礎。

三國時期，佛教在我國太湖地區著名的文化古城蘇州、無錫等地已有較廣流傳。蘇州除了孫權於赤烏四年（241）爲僧性康所建普濟禪院及寺塔外，還有孫權之母吳國太舍宅而建的通玄寺。此寺後來改名爲報恩寺，唐又改爲開元寺。吳國太還在無錫西高山修建了4座廟庵，其中以崇福寺最爲有名。

位於吳江震澤鎮的慈雲禪寺和慈雲塔，亦建於三國赤烏年間（238－250）。相傳孫權與劉備聯姻後，將其妹騙回江東，不讓她還蜀。孫夫人在此建起寶塔，常登塔望蜀，盼與劉備團聚，故此塔又稱"望夫塔"。這一時期的吳地佛塔，一般採用木結構樓閣式，在塔的周圍建有院落廊屋，表現了鮮明的民族特色。

除了佛教的塔寺建築藝術而外，佛教繪畫、音樂等也隨著佛教一起傳到吳地。康僧會帶到東吳的佛像，引起了繪畫界的注意。吳國著名宮廷畫家曹不興 "儀範寫之"，被稱為中國 "佛畫之祖"。他吸取了印度佛畫的技巧，在畫法上由簡樸古拙而趨向細密柔巧，使中國繪畫有了新的發展。曹不興的弟子衛協作道釋人物像，冠絕當代，時稱 "畫聖"。相傳他畫《七佛圖》，遲遲不敢點睛，怕點睛後騰空飛去。晉代大畫家顧愷之在《論畫》中盛讚《七佛圖》 "偉而有情勢"。

東晉王朝時期（317－420），豪族爭權，諸胡屢犯。"晉末，天下大亂，生民道盡，或死於干戈，或斃於饑謹，其幸而自存者，蓋十五焉"（《魏書》卷一一○《食貨志·序言》）在這種情況下，統治者需要一種維護其統治的思想武器，老百姓于艱難困苦之中也需要一種精神上的慰藉，這就為佛教的流行準備了客觀條件。這時期，吳地佛寺普遍興起，蘇州靈岩山的靈岩寺、無錫的興寧寺（後改名為崇安寺）比較有名。靈岩寺乃東晉末年陸沅司空舍宅而為。興寧寺據說是由王羲之的住宅改建而成。

魏晉以後，傳入中國的佛教大體上分為南北兩個區域。吳地佛教是南方佛教的典型。由於大批文人學士和義學沙門隨晉王朝南遷到建康，使吳地佛教形成了重于清談玄理的交流，傳般若性空之學的特點。東晉佛教般若學派分 "六家七宗"，其中 "本無異宗" 的代表人物之一竺道潛（286－374）以及竺法義等應哀帝所邀，至建康宮內宣講《般若經》。皇帝和大臣們一聽到觀世音菩薩，個個肅然起敬。"即色義宗" 的代表人物支遁（314－366）喜老莊，尚清談，精《般若》，糅老釋。他在吳縣建立了支山寺，也被哀帝邀至建康東安寺宣講《道行般若》。

　　兩晉的吳地佛教藝術也很有成就。西元 313 年，吳縣有了從海路傳來的佛像。東晉時期，雕塑佛像已十分普遍，大部分是銅鑄簍金，個別採用脫胎夾紵，木雕的則很少。

　　戴逵（約 326－395）是東晉時期著名的雕塑家和畫家。他 10 多歲時應邀至瓦官寺作畫，便深受長輩讚賞。他在中國雕塑史上的突出貢獻是對粗糙古樸的佛像進行了改進，創造了後世廣為流傳的夾紵像，這解決了佛像既要求高大壯觀又要便於抬佛巡行的矛盾。戴逵次子戴顒（377－441）亦善造佛像。據記載，唐代吳郡般若台丈六銅像，即為戴氏父子所造。吳郡紹靈寺一尊釋迦金像，經戴顒修改後，"首面威相，宛然如真"。

　　顧愷之（346－407），晉陵無錫人，是中國最早的佛畫家之一，在當時享有極高的聲譽。顧愷之用現實中士大夫的風貌塑造佛像，準確地表現了維摩詰的"清羸示病之容，隱幾忘言之狀"，在佛教藝術中國化方面進行了卓有成效的探索。他與南朝的陸探微、張僧繇並稱為"六朝三傑"，在中國繪畫史上佔有重要地位。

　　南朝時期，是吳地佛教的鼎盛時期。南朝諸帝，均崇佛教。在皇權的有力支持下，吳地寺院僧尼激增，所謂"南朝四百八十寺，多少樓臺煙雨中。"梁天監二年（503），蘇州吳縣秀峰寺建成，並建有磚砌寶塔。天監十五年（516），西域智積和尚來此聚眾弘法，梁武帝賜額"智積菩薩顯化道場"，秀峰寺遂名揚全國。

　　常熟名刹興福寺初建於齊。邑人倪德光舍宅為寺，名曰大慈寺。梁大同三年（537）擴建時，在寺內正殿後發現一塊

巨石，大如伏牛，上有奇異花紋，左看像"興"，右看像
"福"，該寺便改稱"興福寺"。因此寺位於破山之麓破龍
澗旁，所以又稱"破山寺"。

　　此外，無錫的保安寺、祇陀寺、護國寺（後改名爲南禪
寺）、惠山寺，吳縣東山碧螺峰下的包山禪寺、昆山的般若
寺等，在當時都很有名。無錫縣安陽山翠微寺僧人大覺禪師
曾到日本，設計建長寺方案，後來成爲日本建長寺派的開山
始祖。

　　南朝時期，由於社會相對穩定，東晉以來佛教玄學化的
傾向不斷加強，經論講習之風大盛。由於講習經論的不同，
形成了許多具有學派雛形的學系，主要有涅槃師、三論師、
成實師、毗曇師、攝論師、十誦律師等。　涅槃派以涼譯《大
般涅槃經》爲主要經典，主要思想是"泥洹不滅，佛有真我。
一切眾生，皆有佛性。"義熙十四年（418），法顯在建康譯
出《大般泥洹經》，其中說到人皆有佛性。在鳩摩羅什門下
四聖、十哲中皆有其名的義學高僧竺道生（？－434），當時
住在建康青園寺（後改爲龍光寺），他仔細研習經文後，認
爲"一闡提人皆得成佛"。眾僧以爲邪說，將他逐出寺院。
道生遂東居吳中虎丘山。相傳他在這裏聚石爲徒，講習《涅
槃經》。講到一闡提人皆有佛性時，群石頻頻點頭。這"點
頭"石至今仍是虎丘一景。道生是南方涅槃佛性論的主要代
表。他融般若實相說與涅槃佛性說於一體，在晉宋時期中國
佛學的重心由般若之真空向涅槃之妙有轉化的過程中起了關
鍵性的作用。道生的頓悟成佛說認爲，人人皆有佛性，只要

去“迷”返“本”，以不二之悟照不分之理，就可以頓悟成佛。是爲後來禪宗頓悟理論的先聲。

南朝佛教藝術的成就，主要表現在建築、雕塑和繪畫等方面。宋吳人陸探微（？－約485）曾師法顧愷之，在“骨法用筆”方面頗有建樹。他創造的“秀骨清像”“動與神會”，使人“凜凜若對神明”。這一繪畫風格甚至對敦煌莫高窟的北朝壁畫以及麥積山、雲崗、龍門等地的雕塑都有影響。梁代張僧繇亦爲吳人，是極受梁武帝器重的佛畫高手。

隋唐時期，政治中心北移，吳地佛教的發展受到一定影響，但處於鼎盛時期的佛教各宗仍在吳地得到廣泛傳播。天臺宗九祖湛然（711－782），常州人，世居晉陵荆溪（今江蘇宜興南），人稱“荆溪大師”。20歲從玄朗和尙學習天臺宗教義，38歲在宜興淨樂寺出家，後在蘇州開元寺講“止觀”。他提出“無情有性”的思想，認爲木石等無情之物亦有佛性，發展了天臺宗教義，其弟子元浩於開元寺說法，曾注解《涅槃經》。同時期，禪宗在江南廣泛流行。

隋唐時期，是中國佛教文化發展的高峰。已經完全中國化了的佛教建築、雕塑、繪畫等藝術在吳地佛教中有較爲充分的體現。無錫惠山寺前的“唐宋經幢”，分別刻有《金剛經》和《楞嚴經》以及蓮瓣花紋、坐佛、獅子等圖案，造型十分優美。吳縣保聖寺中的18尊羅漢（今存9尊），相傳爲唐開元年間（713－741）吳縣著名雕塑家楊惠之所作，刀法渾厚有力，形體比例適度，顯示了高超的藝術水準。元代大書法家趙孟頫曾爲該寺書寫過這樣的抱柱楹聯：“梵宮敕建梁朝推甫裏禪林第一，羅漢溯源道子爲江南佛像無雙。”

經過唐武宗會昌滅佛的沉重打擊後，中國佛教元氣大傷，由極盛而轉向衰微。但由於宋元統治者大多崇佛，所以這一時期以禪宗、淨土宗爲主的吳地佛教仍然廣泛地流傳著。南宋甯宗時（1195－1214）制訂過禪院等級，以五山十刹爲叢林之首。吳縣萬壽山報恩光孝寺及虎丘雲岩寺均被列入十刹。

禪宗虎丘派的發源地是被稱爲"吳中第一名勝"的虎丘山。虎丘山寺於東晉時建成，唐代改武丘報恩寺，北宋至道年間（995－997）改建爲雲岩禪寺，至南宋紹興時（1131－1162）規模最大，"琳宮寶塔，重樓飛閣"，成爲五山十刹之一。遠遠望去，"紅日隱簷底，青山藏寺中"，"塔從林處出，山向寺中藏"，加上千人石、劍池等古代遺跡，虎丘成爲一大勝景。

在南宋紹定二年（1229）所刻的蘇州著名碑刻《平江圖》上，羅列了報恩寺、能仁寺、定慧寺、萬壽寺、開元寺、瑞光寺等50多個寺觀廟宇以及雲岩、天平、靈岩、瑞光、半塘、楓橋、東禪等12座寶塔。可見當時佛教之盛。

宋元時期吳地的刻經事業有相當規模。1978年，蘇州瑞光塔曾發現一批北宋時期木版印刷的經書。其中有咸平四年（1001）的《大隋陀羅尼經咒》和景德二年（1005）的《梵文經咒》以及天僖元年（1017）的《妙法蓮花經》。元至正七年（1347），念常和尚在蘇州募刻了《佛祖歷代通鑒》等。現存蘇州西園戒幢律寺的血寫《華嚴經》，是一件馳名國內外的珍貴佛教文物。元代善繼和尚根據佛經上"折骨爲筆，刺血爲墨"的說法，咬破舌尖，滴血於筆尖，一滴一字，花了一生功夫，寫成了這部長達 81 卷的《華嚴經》，每卷都用五分見方的楷書寫成。明初大學士宋濂等 300 多人爲這部血經寫了序和題跋。

宋末，淨土宗的一派、蘇州延祥禪院沙門茅子元編成《差宗晨朝懺儀》，在平江澱山湖建立"蓮宗懺堂"，自稱白蓮導師，提倡念佛，屬行葷食（但允許結婚），形成白蓮宗。其徒稱做"白蓮菜人"。該教主張禪淨一致，認爲只要宿願念佛，死後即可往生淨土。元代，此宗在江南迅速蔓延。朝廷以"妖妄惑衆"的罪名，將子元流放九江，教團亦被解散。後來，由於普度等人的努力，白蓮宗得到朝廷認可，並與彌勒信仰相混合，形成爲民間秘密宗教"白蓮教"。

宋元時期的吳地佛教。爲我們留下了許多歷史文物和藝術珍品。落成于北宋初年的蘇州雲岩寺塔，7 層 8 面，秀麗挺拔，是精細地模仿木結構的磚石結構樓閣塔的代表，雖經 7 次火災，並有 2·3 米傾斜，至今仍巍然屹立，成爲古城蘇州的象徵。蘇州羅漢院雙塔建于北宋太平興國七年（982），一座叫舍利塔，另一座叫功德舍利塔，均 8 角 7 級，結構相似。現存雙塔寺遺物中，有北宋的石柱石礎，通體浮雕纏枝牡丹童子等圖案，線條流暢，雕工精細，有較高的藝術價值。蘇州報恩寺塔（又稱北寺塔）始建於梁代，宋代兩次重修，保存至今。塔底占地 1·3 畝，高 76 米，堪稱江南佛塔之最。

吳縣甪直鎮保聖寺，原有宋代塑造（亦說唐代"塑聖"楊惠之所作）的十六尊羅漢像，刀法渾厚有力，形體比例適度。1927 年該寺遭火災後，蔡元培、馬敘倫等重修古寺，將殘存的九尊羅漢散置於山水塑壁之上，佈局自然，岩壑清幽。

塑壁以高浮雕手法塑出奇峰異石、大海波濤，氣勢十分宏偉。其中有兩尊羅漢，一尊眼目禪定者，俗稱“梁武帝”（亦有稱爲“達摩”），簡練有力，極富寫意性。另一尊是極目遠眺的梵僧，線條流暢，富於韻律感，體現了唐代雕刻藝術的風格特點。太湖東山紫金庵的十六尊羅漢像及望海觀音像，相傳爲南宋民間雕塑家雷潮夫婦所作，姿態生動，馳名中外。

從明代至鴉片戰爭，吳地佛教雖在統治階級的支持下有過曲折的發展，但總的趨勢是日益停滯，現出了落日的光景。清代，全國的統治中心在北方。但吳地佛教仍深受皇帝的青睞和支持。康熙、乾隆分別六下江南，每次都要拜佛會僧，題辭留字。大江南北的名刹大寺，如蘇州虎丘雲岩寺、靈岩山靈岩寺、鄧蔚山聖恩寺，常州天寧寺等，都留下了他們的行宮、御花園或賜物、賜墨。

其中，值得一說的是聖恩寺。據考，該寺是在原來天壽寺和聖恩禪庵基礎上，于明朝正統八年合併一處，英宗皇帝賜寺額稱“天壽聖恩寺”。聖恩寺規模宏大，四眾雲集，遂成大刹。明清鼎盛時，擁有殿宇 5048 間，僧眾 1051 人，爲全國漢傳佛教五大寺之一。憨山大師曾謂聖恩寺“殊非他山故刹比也，當爲吳中第一道場。”歷代皇帝頗多恩典，如明太祖曾親撰詩文、禦賜果品，清康熙、乾隆二帝共八次臨幸駐蹕。

明清時代，吳地淨土宗繼續以佛教共宗的姿態傳播著。作爲明代佛教四大家的真可、智旭，即爲吳人，他們主張禪淨兼修或性相融通，然一概歸宿於淨土。他們的宗教活動在吳地均有一定影響。

　　佛教文學藝術對佛教的傳播起了積極的推動作用。明代蘇州被稱爲“吳門四家”的著名畫家中，文徵明、唐寅與佛教有密切聯繫。而唐代詩人張繼描寫寒山寺的千古絕唱《楓橋夜泊》，曾由明代著名書畫家文徵明寫成書碑，後毀於大火。清代俞樾又補書了一塊詩碑，保存至今。凡是到寒山寺的人，莫不在此詩碑前駐足流連。寒山寺之聞名遐邇，就有這兩塊碑刻的一份功勞。

道教仙國

　　道教作爲我國土生土長的傳統宗教，它產生於民族文化的豐厚土壤之中，是齊、燕、楚、越、吳、巴、蜀各地域文化相互交匯的產物。學術界和道教界一般認爲，東漢順帝年間（126－144），張道陵在四川鵠鳴山創立五斗米道爲中國道教正式產生的標誌。

　　事實上，在此之前，道教作爲一種原始的宗教信仰早已風行於從黃河到長江的廣闊地域之中了。吳地是乙太湖流域爲中心的江南地區，它處於東西、南北文化的交匯點上。道教產生後不久就成爲吳文化的一部分。吳地道教既與中國道教發展同步，又帶有吳文化的顯著特徵。道教中有一句行話：“三裏不同道”，說的是不同地區的道教都有其固有特征。

　　據考，漢末三國時，吳地就活躍著種種民間道團，到東晉南朝時，道教在吳地經分化、改革，得到了極大的發展，出現了許多著名的道士，造作了一批珍貴的道書，創立了一些富有特色的道派，建立了固定的活動場所，並在教理教義上與修行方法上形成了與北方道教不問的風格。從此，道教在吳地站穩了腳跟。

漢末到三國是中國歷史上戰亂較多的時期之一，而吳地與中原地區相比在歷次戰亂中破壞較小，處於相對安定的狀態之中。特別是吳地的統治者——一三國孫吳政權對道教採取了比較寬容的態度。吳主孫權，步秦始皇、漢武帝的後塵，公開信仰神仙，廣結方士，大造宮觀。據《歷代崇道記》介紹："吳主孫權於天臺山造桐柏觀，命葛玄居之；于富春造崇福觀，以奉親也；建業造興國觀，茅山造景陽觀，都造觀三十九所，度道士八百人。"孫權不僅大造宮觀，讓道士們有個固定的從事宗教活動的場所，而且還花費大量的人力物力，派道士衛溫、諸葛直帶人坐船入海去夷洲和亶洲尋求仙藥。孫權的崇道信仙的政策，吸引了一大批道教信徒從各地來吳地安居樂業，從事宗教活動，致使吳地湧現出眾多的民間道團。

據考，這些民間道團的主要來源有二；其一為一些亂中求生的方士或道士，他們隱居在吳地山林中，以製造不死之藥為目的，組成一些以師徒相聚為特徵的道團，例如魏伯陽的金丹道；其二為中原與巴蜀地區太平道與五斗米道的信徒，他們為避亂遷入吳地，積極從事道教活動，形成了一些以信徒相聚為特徵的道團，例如，屬於五斗米道支派的有李家道、杜子恭道團等，屬於太平道支派的有於君道、帛家道等。這些道團各自為政，互不相統屬，宗教信仰比較粗俗簡單，缺乏系統的理論依據，採用的道術、奉行的宗教儀式也各有特色，政治傾向也不一致，一些道團不斷地試圖向上層社會擴展勢力；一些道團則立足於民間並與統治者抱有不合作的態度；還有一些道團則宣導遠離政治，隱遁山林，修煉大道。民間道團在吳地林立並獲得比較穩固的發展，使吳地漸漸發展爲道教活動的重要基地之一。

　　早期太湖地區流行的道派，主要有：1.金丹道。道教以追求長生不死、得道成仙爲目標，把黃帝作爲得道成仙的榜樣，並以戰國時鄒衍的陰陽五行說爲理論依據，提出種種修煉方術，認爲尋求、煉製與服食丹藥可達到長生不死的目的。其中最有代表性的人物就是吳人魏伯陽。此人史跡不見正傳，據後人考證爲漢順帝至漢桓帝時人。他熱衷於修身養性，棄家入山，遠離塵世，長期帶著徒弟在吳越一帶山林中，汲大自然之精華，作爐火煉丹之營生，把追求服丹成仙作爲修行的日的。魏伯陽的《周易參同契》是流傳至今的最早的一部丹鼎派理論著作，被譽爲“萬古丹經王”。2.於君道。一般認爲，該道由山東瑯琊人于吉在東漢順帝年間（125－144）所創。這是一個以《太平經》爲奉持經書的民間道團。該團在漢末三國時，傳入吳地，一時間在吳地頗具影響。于吉還在吳地建立了一些道教活動場所，號之爲精台，在精舍中他帶領信徒經常開展燒香拜神、讀《太平經》等道書的宗教活動，並以符水爲百姓看病，史稱於君道。3.帛家道。就在於君道在吳地盛行之時，一個託名仙人帛和所創的帛家道也在吳地流傳開了，並得到了吳地百姓、特別是出身于高門士族人士的信奉。帛家道以帛和爲主要侍奉對象，並接受了五斗米道的道術和《太平經》的要旨，在綜合各家的基礎上形成了自己的特色。由於帛家道奉有道書，爲有一定文化水準的吳地氏族所青睞。但到南朝時，吳地的帛家道就漸漸消亡了。　4.李家道。李家道是蜀地民間托仙人李八百之名而形成的一個五斗米道的支派。　隨著五斗米道信徒的東遷，在漢末三國之時，吳地就開始傳播。李家道所採用的道術與五斗米道相近，以祝水、符籙、齋戒、禱告爲民治病，以導引日月，斷穀避食、行氣服藥而養年，在一定程度上推動了五斗米道在吳地的傳播。

總之，漢末三國時期，是吳地道教的開創期。由於吳地多佳山麗水，百姓生活比較安定，再加上統治者對道教採取了比較寬容的態度，一時間，中原與巴蜀地區的道士爲避難多雲集於此，他們力修各種道術，傳播各種神仙信仰，在自己的活動區域中自創道團，使吳地形成了道團林立的景象。

東晉南朝時期，是吳地道教分化、變革與成熟的時期。以葛洪爲代表的丹鼎派，鼓吹服丹成仙的神仙道教，改變了早期道教的發展方向，促使了道教向士族化、官方化方向轉化。以孫恩、盧循爲代表的早期五斗米道的信徒，活動於社會下層，與統治者抱有極不合作的態度，隨道教在下層百姓中獲得廣泛的群眾基礎。以造作道書爲特徵的吳地經籙派，推動了道教向理論化的方向發展。

葛洪（283－353），字稚川，自號抱樸子，吳地丹陽人。出身于吳地高門大族，但他情好神仙修煉之術，拒不做官，而是隱居在吳地山林之中，帶領子侄們從事煉丹實踐，浙江上虞蘭鳳山、杭州保俶山、江蘇茅山等地都有葛洪活動蹤跡。今茅山大茅峰之東，有抱樸峰，據說葛洪曾在此修道煉丹，著《抱樸子》內外篇，故名。葛洪一生著述甚多，有《抱樸子》內外篇 70 卷，《神仙傳》10 卷，《肘後要（備）急方》4 卷等。他力圖從宇宙觀的高度來論證服丹修道可以成仙的思想，並建立了一套比較完整的神學理論體系。特別是葛洪對煉製丹藥的理論與實踐的探索，為魏晉時期道教丹鼎派的確立奠定了基礎。葛洪是吳人，他在吳地的宗教活動對當地道教的發展方向產生了很大的影響。特別是他在《抱樸子》中提出"夫道者，內以治身，外以治國"的原則，促進了吳地道教的改革。

　　東晉時，吳地一些道士和通道的士大夫結集茅山，開始了托神造作道書的宗教活動。在當時造作的道書中，以《上清經》、《靈寶經》和《三皇經》最為有名，對後世的影響也最大，被道教奉為"三洞真經"。這組道書的製作與傳播以吳地的葛氏家族和許氏家族出力最多。以這些道經為中心，吳地道教出現了以製作道書和傳播經法為首務的經籙派。吳地的經籙派依"三洞真經"又分為上清派、靈寶派和三皇派。其中靈寶經據說為神人授予大禹以幫助他克服蛟龍水豹等禍害的。大禹治完水後，就把《靈寶經》藏於太湖洞庭西山的林屋洞之中。

　　道教在東晉時期，是儒、佛、道三教中勢力最小的一派，同時。道教自身在教義、教理、道術上也面臨著更新發展的問題。吳地道士們力圖改變這種局面，他們對外吸收儒學，暗竊佛教，附會老莊；對內則相容丹鼎與符籙，托神授造作了大量的道書，推動了吳地道教向義理化方向發展。以上清派為首的吳地經籙派進一步完善了道教的教理教義，豐富了道教的道術，又造成了吳地道教注重理論探索的文化傳統，促使道教從民間向上層和官方道教的轉化。

太湖地區經系派流傳到南朝時，在著名道士陸修靜與陶弘景的推動下得到飛快的發展。陸修靜（406－477），字元德，出身於吳地著名的陸氏家族，其祖父陸凱曾任東吳丞相。他作為南朝前期的著名道士，適應士族的政治和宗教的需要，對吳地道教從理論到道術，從宗教儀式到組織機構上進行了一系列的改革，促進了南朝貴族道教的形成。經陸修靜改革後的道教，史稱南天師道。陶弘景（456－536），字通明。家中祖輩世代為官，他早年曾從父輩之願，入朝做官，受陸修靜的弟子孫游岳的影響，乃於 36 歲時上表辭官，然後就去茅山建華陽館，自號華陽隱居，開始了後半生的隱居修道的生涯。陶弘景在後半生四十年的修道生涯中，對吳地道教，特別是茅山上清派的發展做出了巨大的貢獻，一般認為，他是南朝道教的集大成者。

隋唐時，由於統治者的扶植和崇奉，全國的道教得以充分發展，吳地道教也進入興盛時期。特別是唐代立國後，在總的宗教政策上採取了崇道抑佛的措施，把道教置於儒佛道三教之首，排出了“老先、次孔、末後釋宗”的次序。道教在唐代近 300 年的統治中，始終得到了崇奉與扶植，吳地道教也因統治者的恩寵而逐漸隆興。

唐王朝推崇道教，大興宮觀。一時間，吳地道觀如雨後春筍紛紛破土而出。據史料記載，僅蘇州一個地區，就出現了眾多的道觀，其中最大的玄妙觀就是由唐玄宗賜“內帑”擴建的。玄妙觀本建於西晉咸寧二年（276），觀名為真慶道觀。玄妙觀擴建後由唐玄宗賜名爲“開元宮”。在東晉建立起來的道教勝地茅山，在唐代也得到較大的發展，據當時統計，宮觀庵院遍峰麓，屋宇達五千間左右，其中一些就是由唐王朝出資興建的。

唐代帝王還讓著名畫家繪製道教神像，以擴大道教在社會中的影響。中唐吳地畫家吳道子就曾爲老子畫像。他畫的老子，長眉長須，額頭碩大，眼放智慧，手式自然，似正在講述天地之大道。特別是吳道子所繪的衣褶，筆勢圓轉，似風吹來，飄飄欲舉，充分體現了“吳帶當風”的特色，更使老子神態超然，富有仙靈之氣。唐玄宗特地爲此畫作贊。唐書法大家顏眞卿又用正楷字書寫了唐玄宗的贊。宋代時，刻石高手張允迪將繪畫、禦贊與精美書法刻於一石碑，稱爲“三絕碑”或《老子像碑》，至今該碑仍樹在蘇州玄妙現之中。

唐代一些皇帝還親自作青詞、表章，供道士齋醮之儀時用，同時還授意創作一些道曲，如《霓裳羽衣曲》、《降眞召仙之曲》、《紫微送仙之曲》，以及《紫微八卦舞》等供祭祀老子時用，促進了道教詩文、道曲的創作。據考，唐代時，吳地道士爲適應新形勢，廣制道曲，茅山宗第十一代宗師司馬承幀作有《玄眞道曲》，第十三代宗師李含光作有《大羅天曲》等等，豐富了吳地道教音樂藝術。

宋元時期四百年間，各種社會矛盾非常尖銳，民族矛盾尤其劇烈。由於社會動盪，民族矛盾上升，一批政治上失意的士大夫和保持民族氣節的人相繼湧入道教以求心理平衡或躲避災難。吳地的道教勝地成爲文人道士的結集地之一，文化生活異常活躍。

　　南宋時，由於統治者的恩寵，正一道佔據了吳地道教的領導地位，勢力不斷擴大。正一道是由張道陵創立的五斗米道發展而來。這是中國道教中歷史最爲悠久的派別。三國時，五斗米道也傳入吳地，並在吳地民間產生了一定的影響。南朝時，陸修靜加以改造，去掉其原始成份，改稱爲天師道，在吳地逐漸佔領了除茅山宗之外的道教市場，蘇州玄妙觀、太湖洞庭東山軒轅宮、都是其主要道場。隋唐五代時，天師道在吳地與當時最興盛的茅山宗相比，略嫌沉寂。北宋時，朝廷開始對天師道給予重視，宋真宗大中祥符八年，召見龍虎山二十四代天師張正隨，賜予他當時道士中的最高階位"先生"稱號。張天師則被受封爲"正一教主"，天師道改稱爲正一道。由於統治音的重視，從此正一道在吳地的勢力也漸漸擴大。吳地道教大宮觀多爲正一道所住持，茅山宗卻走向衰落。

　　明清兩代五百多年是吳地道教逐漸走向衰落的時期，衰落的原因是多方面的，從客觀上看，統治者對道教的輕視與控制，使吳地道教失去了政治依靠，明清資本主義萌芽的產生，使適應封建社會的道教難以自我革新以適應社會發展的要求，民間宗教的興盛，逐漸佔領了道教的地盤。從主觀上看，道教經過一千多年的流傳，其宗教精神對百姓已失去往日的誘惑力；道士們的生活日益世俗化。由於道教在民間的影響源遠流長，雖然日薄西山，但是其對當時吳地社會文化生活的影響仍是不可低估的。

　　早在元代時，全國道教諸教派就逐漸歸攏爲全真道和正一道兩大道派。明清時，這兩大道派活躍在社會中，北方主

要是全真道的勢力，南方則主要是正一道的勢力。但兩大道
派部努力北上或南下擴大自己的影響。清代時，全真道南下
立壇授戒，南人歸依者甚眾。全真道龍門派第七代律師王常
月度弟子千余人，弟子們在吳地又分頭建觀傳教，從而使吳
地出現了一批龍門派的道觀。例如：黃虛堂（派名守正）建
蘇州滸墅關太微律院支派，門下有弟子孫碧陽等。呂雲隱（派
名守璞）開蘇州冠山支派，門下有弟子呂金陽、鮑三陽、樊
初陽、翁朝陽、丘寅陽、錢函陽等人。其中丘寅陽又開嘉善
長春宮支派，錢函陽開無錫長春宮支派。同時還有一些弟子
或隱居一地修煉，或在吳地雲遊傳教，擴大了全真道在吳地
的影響。

　　這裏，值得一提的是穹隆山上真觀。穹隆山乃歷代名
山，相傳古代仙人赤松子采赤石脂於此，昔時茅盈、茅固、
茅衷三賢士先隱居句容茅山，後亦居此修煉，穹隆遂有大茅
峰、二茅峰、三茅峰之稱。東漢平帝時，大茅峰始建道院，
唐元明宋各代均有興衰，清初順治年間，由於道士施道淵苦
心經營，四方徵集募緣，逐年修繕擴建。至康熙、雍正、乾
隆年間，已形成建築群體，規模漸大，凡建名勝 170 多處，
塑像 8700 餘尊，殿宇比鱗，相傳有 5048 間，可謂皇皇大觀。
這些殿宇建築宏偉，神像塑造精巧，其中尤以天將殿、天妃
宮等處為勝，其塑像雕刻藝術空前絕後。康熙曾賜“餐霞挹
翠”四字，而乾隆則先後 6 次來山，留下五首詩詞。可惜的
是，上真觀今已衰敗，惟留下斷碑殘垣，令人追憶感慨。

　　明清兩代，吳地道教在教理教義上並無多大發展，但其
信仰、道術以及積善立功等宗教觀卻深入民間，道教活動已

滲透到吳地百姓的日常生活之中，成爲百姓追求幸福安康的手段之一。明清時，大大小小的道教神廟遍佈吳地城鄉，如真武廟、三清殿、城隍廟、土地廟、

呂祖廟等等。老百姓希望道教能幫助他們解決現實社會中的各種問題。一遇到水旱、瘟疫等自然災害，或逢到疾病、死亡等人禍時，老百姓往往去廟中拜神，或請當地的道士來設壇打醮，祈禱超度，以求神靈保佑，驅禍降福。

由於世俗社會的需要，吳地宮觀中的道士也逐漸從信仰道教轉變爲以道教爲職業，以從事神職工作來養家糊口。他們靠給人做齋醮、制符籙來維持生活，由於生意好，一些老道士都希望自己的兒子能繼承自己的行業。因此，吳地出現了一些世代家傳的道士。道教從宗教信仰的殿堂降到世俗的人間，成爲一些道士謀生的職業了。

道教在中國社會經過一千多年的流傳，走了一條從民間產生，又復歸於民間的道路，道教的衰落既有其自身的原因，也是中國封建社會走向衰落的一個表現。

諸神信仰

除了佛、道崇拜以外，民間諸神信仰也構成了太湖地區不可忽視的精神生活。它們寄託著人們對生活的美好理想，是期盼家庭和睦、家道興旺、風調雨順、行旅平安、百業豐茂等願望的表達。一般來說，民間諸神大多是那些傳說中或歷史上爲人民做過好事，受人愛戴的人物，人們通過幻想將他們神化，並期望他們繼續“服務”於自己，保佑平安，抵

禦災難,在嚴酷的自然和不測的命運面前,爲自己增添一種慰藉。

太湖流域曾經遍佈著祭祀猛將的廟堂,無論老幼,人人都知道"猛將老爺"。猛將是民間的驅蝗神,關於他有著種種傳說,太湖地區一般把他看作是讓人同情、使人欽佩的兒童。每年他生日那天,或者稻子成熟的時候,都會出會祭祀他。清顧祿在《清嘉錄》記述當年情景:"穹隆山一帶,農人戲猛將,奔走如飛,傾跌爲樂,不爲慢褻。"直到近代,太湖一帶農村"抬猛將"時還是充滿歡樂和熱鬧,人們抬著神像,在田間奔走嬉戲,哪怕將猛將老爺跌到也不要緊,是謂"戲猛將"。

上方山廟會,也是頗有地方特色的信仰活動。每當八月十八前後,太湖周邊地區善男信女,都爬到山方山頂,虔誠地焚香膜拜,或借陰債,或求子求福,或求醫求壽,形成一年一度的廟會習俗。明朱逢吉在其《游石湖記》描述:"由山麓到絕頂,可三裏,晉支遁嘗棲其上。唐因建梵宇曰楞伽,後立浮屠,岌岌撐太虛,若欲飛動;前闢小殿,列爲神像者五。自前代時,城內外暨村落百餘裏間,男女稚耋,當春夏月,遠近各相率舟行,載酒肴雜樂戲具,徒行,乘馬驢竹兜,競以壺榼食器自隨;或登以樂神日,肩摩跡接,畢則宴遊,以樂太平,逮今如之。"從這篇遊記看,至少在晉代開始就有了這種信仰活動。上方山廟會,祭祀的是五通神,行的是"借陰債",由於其荒誕屢屢遭到有識之士的反對和查禁,尤其是江蘇巡撫湯斌毀淫祠之舉,在蘇州乃至整個江南一帶影響深遠。

　　長期以來，太湖地區形成了把水、風、魚和大禹相聯繫的信仰範疇，確定了以治水的禹王爲保護神的信仰體系。太湖周近曾有四處建有禹王廟，其中太湖中的平臺山禹王廟最有名，香火也最盛，是太湖漁民禹王信仰的中心。據考，平臺山禹王廟的始建最遲不會晚于宋末，迄今已有 900 多年歷史。明代時該廟已有相當規模，大學士王鏊曾爲之題書刻石。同治年間，太湖漁民發起修葺，蘇州知府曾題贈“天下第一山”匾額。清明祭禹是全太湖漁民的公祭，通常由各香社統一安排實施。香社是漁民的祭祀組織。香社各有香頭負責，公推有威望、熱心祭祀活動的長者擔任，他負責籌集經費，組織祭祀活動。不同類型漁民，按漁船的大小組成不同的香社。吳莊《六桅漁船竹枝詞》云：“一年生計三多好，吃食穿衣望有餘。牽得九囊多飽滿，北垞山頭獻頭魚。”不消說，這個“頭魚”當然是獻給治水英雄夏禹的，爲確保湖上太平，奪取漁業豐收，祈求禹王的保佑成了太湖漁民的信仰習俗。

草根文學篇

以吳歌爲中心

情歌："情"與"性"的表現

　　按封建社會正統觀念，民歌中的"情歌"顯得"另類"，是民歌之"野調"。正因這個緣故，嘉慶、道光年間修訂的《大清律例》曾嚴格規定："嚴禁男女唱歌，以維風化……狂妄之徒，因事造言，捏成歌曲，沿街唱和，及以鄙俚褻慢之詞，刊刻傳播者，內外各地方官，即時察拿，坐以重罪。"《律例》所謂"鄙俚褻慢之詞"，即指涉及男女私情的情歌。

　　但是，"山歌無本句句真"，情歌畢竟像勞動歌、儀式歌、風俗時令歌一樣，並不是人為的限制就能阻斷其存在和傳承的。飲食男女，孰能無情？"情色覺如磁石，遇針不覺合為一處。"[1]所以自明清以來，一方面是封建統治者不斷強化對"唱私情"的制裁，而另一面則是情歌更為流行，尤其到了近代，民間情歌更以"狂放"之姿，沖決著封建倫理和禁欲主義的"堤壩"。在這個歷史性的大背景上，發端於吳地之情歌，也以其清新活潑的"野味"，顯示出強烈的反禁欲主義傾向，弘揚了以呼喚"人性回歸"為主題的社會意識。

　　愛情是人的正常欲求、"人之大倫"。但在草根民間，"情"與"性"經常是含混不分的。因此，吳歌之"情歌"

---

1 馮夢龍，《情史》，（南京：江蘇文藝出版社，1987），頁193。

雖以唱 "情" 爲體，但 "性" 意向最爲鮮明。在我看來，吳歌之情歌正是包蘊著追求個性解放、情愛自由與性感張揚、情愛氾濫的兩極綜合體。本文試圖參照這一兩重性特點，來探討吳歌之情歌的 "情" 、 "性" 表現。

一、薄、藕、菱： "性" 的玩味

蓮、藕、菱均爲江南水鄉常見植物。吳歌作爲滋生於吳語地區的民間文學，對這塊土壤上的植物自有偏愛，因而，蓮、藕、菱等植物常成爲審美對象，見諸于民間百姓的山歌、小調之中。但是，當這些江南常見植物作爲情歌的 "意象" 時，卻不僅僅表現爲客觀描摹的一景一物，它們往往寄寓著另一種更爲曲折的深意和幽妙的感情。如，蓮子，實爲 "憐子" ， "憐" 古義諧 "愛" ， "子" 在古時，常含 "你" 的意思，所以是 "愛情" 的指代。白藕形似臂膊，因此在吳歌中，常用來代指女子的嬌嫩玉臂。紅菱的寓義更爲深奧，因其形狀，它喻指女子包裹過的小腳，又借其形色，喻指女人的外生殖器。因此，蓮、藕、菱諸物，均不以表面意義出現於情歌，而是另有所指。

或許，我們可以作這麼一種猜測，起初蓮、藕、菱諸物，並非滿載 "性" 的意象，但無數次的重複，民間百姓不斷感知和想像自己的性愛心理和經驗，於是這些自然植物便被刻入了他們的心靈結構之中。這些客觀的植物，亦便成爲契合於情愛、性愛心理的指代。情歌中的蓮、藕、菱等意象，無疑是民間 "性體驗" 的一種曲折表現，既避免了粗俗地直呼其名，顯得較爲含蓄朦朧，又能貼切地傳達歌者的心理感受。

這些"意象"較廣泛見諸於情歌之中，如無錫著名情歌《紅菱牽到藕絲根》雲：

> 太陽出來一點紅，清水塘裏栽紅菱。
>
> 姐栽紅菱郎栽藕，紅菱牽到藕絲根。

這首情歌，未著一"情"字，卻處處見情。原因是菱、藕本身便爲情愛的指代，"紅菱牽到藕絲根"更有暗中挑逗之意，這正是民間意象的特點。

情愛意象作爲性體驗的一種表現形態，實際上體現爲演唱者的感情和演唱物件（如菱藕）融合和移情，體現爲在演唱過程中尋求身心的快樂和愉悅。這既是對自身生命衝動的玩味，也是對審美物件的玩味，所以這玩味就具有雙重的內涵。實際上，這種起端於生命本能的"玩味"，人類從未停止過，但因爲禁欲主義思潮的影響，那種深刻的生命力量，只能用隱晦的意象，方可表達民間百姓正常的心理欲求。正如一首吳歌所表述的：

> 郎唱山歌響銅鈴，
>
> 順風吹給姐妮聽，
>
> 聰敏阿姐聽出情，
>
> 木婆阿姐聽的音。

這首名爲《聰敏阿姐聽出情》的情歌，比較了"聰敏阿姐"和"木婆阿姐"（指感覺遲鈍的女子）做對比，點明情歌具有"只可意會，不能言傳"的特點。也就是說，善於聽歌的人總是要理解"意象"的本義，才能領會歌中傳達的情愫。

追本溯源的話，紅菱、白藕、蓮子、芙蓉（喻女子面容）、楊柳（喻女子之腰）、櫻桃（喻女子小口）等意象，是沿襲傳承甚久的。迄今所知最早被記錄下來的六朝吳歌《吳聲歌曲》，便有以蓮諧"憐"意象九例，如："千葉紅芙蓉，照灼綠水邊，余花任郎摘，慎其罷儂蓮。"（《讀曲歌》），又如："誰交強纏綿，常持罷作慮，作生穩藕葉，道儂在何處?"（《讀曲歌》）其他以藕、菱、楊柳、芙蓉等爲意象的，在《吳聲歌曲》或馮夢龍採集山歌集《掛枝兒》、《山歌》及其他民歌中，亦不乏其例，如"寢食不相忘，同坐複俱起，玉藕金芙蓉，無稱我蓮子"（《吳聲歌曲·子夜歌》）、"楊柳枝上情萬裏，何須哥哥奔東西，只等來年樹發芽，頭一場春雨便是約會期"（《楊柳枝上情萬裏》）。從僅舉的幾個例子來看，民間擅長以情愛、性愛意象來寄寓心聲，是由來已久的，它發端於民間百姓的表達經驗，又爲民間所廣泛沿用。

二、斑鳩跳進畫眉籠："情"的追求

人家老公像條龍，我的老公像毛蟲。

哪年哪月毛蟲死，斑鳩跳進畫眉籠。

這首名爲《斑鳩跳進畫眉籠》的歌謠，是一首真實抒寫婦女心靈的怨歌。看來，歌者（女主人公）由於在初嫁時，任憑自己的幸福交給"父母之命，媒妁之言"，未能嫁給如意郎君，長期的苦悶和壓抑，使她對新的愛情極其渴望，已經不顧"一女不侍二夫"的古訓。

自人類進入階級社會之後，婦女在婚姻上長期處在從屬地位，愛的權利被剝奪，一生之幸福全憑"金玉良緣"之僥倖，因而封建時代的絕大多數婦女，忍受著極大的痛苦和折磨。到了明代中葉之後，兩性關係開始出現新內容，"資本主義因素在封建社會內部孕育和產生，一定程度上啓蒙了人的意識形態，反映在婚姻關係上就產生了婚姻自主的朦朧覺醒。"此時，男女青年已敢於蔑視和反抗舊的婚姻方式，表現出一定程度的愛情自主意識。

與此相應，要求婚姻自主的主張，也伴隨著"愛情"觀念的初步解放。反映在情歌中，有關"情"的表達亦較以往有新的變化：男女主人公已不再是暗中"相思"或"偷情"，而已敢於追求愛情，並且敢於表達對不合時宜之觀念的反叛。如有一首民歌這樣表述道：

> 青石磨刀不用水，真心實意不用媒。
>
> 你有情來我有意，哪怕頭頂擊五雷。

這首流傳於蘇州等地的民歌給人以啓發，它實質地反映了女主人公的愛情自主意識，以爲只要男女雙方"真心實意"，那麼即使"不用媒"、"雷轟頂"，也會追求愛情。女主人公的口吻中，強調了自己追求愛情的合理性。

"天命"在古代是一種強大的宰製力量。但在明清後期的情歌中，伴隨"人性"的覺醒，青年男女已不再屈從與"天命"，並敢於提出質疑和反抗。如吳歌《一朝迷露間朝霜》中，先是由母親對女兒說：

> 算命先生算你六十成親八十壽，還有廿年好時光，
>
> 七十二歲添公子，滿堂兒女好風光。

而這首情歌中女主人公的態度相當堅決：要我"七十二歲添公子，滿堂兒女好風光"，除非"爹爹勿要進娘房，哥

哥勿與嫂同床”，毫不在乎算命先生的信口雌黃，表現出以
“人欲”反抗“天命”的自主態度。

在封建社會，由於婚姻制度的不合理，造成了許多夫婦
之間缺乏真愛、苟且生活的必然性。與此同時，人們又渴求
愛情，希望滿足情欲，這便造成了舊時代中“偷情”之舉屢
見不鮮的社會現象：

> 郎愛姐姐姐愛郎，偷情勿敢明當當。

> 姐有親夫郎有眷，何不做場交易各成雙？

封建社會以“偷情”的形式來補充夫妻“情愛”，極大
地諷刺了舊式婚姻扼殺人性的一面。吳歌唱道：“偷情不用
媒人不用財”，兩廂情願，互扣情結，“我和你一齊看上”、
“我二人合一個心腸”，“若將我二人上一上天平也，你半
斤、我八兩”，表達出明目張膽地找“愛情”的主張。吳歌
作為反映現實生活的一面鏡子，肯定了“偷情”在昏聵的現
實中，有其匡正封建婚姻大弊的一面，真實地傳遞出民間百
姓的“人性回歸”意識。

馮夢龍是一位原對草根百姓認識較深的民間藝術家。他
把探索的目光投向愛情領域的表層與深層，思索著愛情的底
蘊與真諦。他認為，愛情的作用能使“死者生之，生者死之，
情之能使人一至於此”，突出了愛情乃是一種生命力量。在
禁欲主義橫行的封建社會中，馮夢龍實是第一個為民間大眾
追求愛情大唱“讚歌”，並提供理論依據的人。正像《情史
類略》把愛情分成“情貞”、“情緣”、“情私”、“情俠”、
“情豪”、情癡”等二十四類一樣，馮夢龍也把他的民歌集
《掛枝兒》劃分為“私”部、“歡”部、“想”部、“別”

部、"隙"部、"怨"部、"感"部、"詠"部、"謔"部、"雜"部，把《山歌集》歸類爲"私情四句"、"雜歌　四句"、"詠物四句"、"私情雜體"、"私情長歌"、"雜詠長歌"、"桐城時興歌"等。由此可見，馮夢龍實際上正通過內容與形式的分類，以探求愛情的外延與內涵，探討"性"、"情"在情歌中的表現形態。他公開宣傳："妻不如妾，妾不如婢，婢不如妓，妓不如偷，偷得著不如偷不著。"此語非深於"情"者不能道，真所謂駭世驚俗，以極端的方式抨擊了的封建社會的現狀。

三、採紅菱："性"的表現

　　舊時代中，在情歌中呼喚人性回歸、反對禁欲主義的主題，必然與"欲人鰥曠，求清淨"的封建倫理道德相抵觸。因此"私情"文學也一向被視爲"異端之學"，被看作是"毒蛇猛獸"。值得反思的是，因長期被奉爲"正統"的生活準則，而實質上充滿封建色彩的觀念，其實也影響著學者們對待"情歌"研究的態度。比如，人們對"私情"文學的評述，大都只局限於情感色彩較爲含蓄的作品，而對另一部分情感張揚、性意向較爲鮮明的作品則視爲"大逆不道"，通常棄之不顧。這裏，我們不妨稍稍對這部分情歌的特點進行閱讀提示，以瞭解情歌的"全貌"。

　　首先，大膽表現樸素、自然的生命美。許多私情民歌，雖然也以情愛爲基礎，但不避諱性愛，肯定"欲"、"色"在"情"中的意義，表現出樸素的性意向。如馮夢龍搜集的《掛枝兒・調情》，曾表達了這個意思：

　　嬌滴滴玉人兒，我十分在意，

　　恨不能一碗水吞你肚裏，

　　日日想、日日挨，終須不濟，

　　大著膽親個嘴，謝天謝地，不推辭，

　　早知你不推辭也，何待今日方如此？

　　這首情歌，不但把主人公的愛慕之情赤裸裸地抒寫出來，還直接寫出了他的性愛心理和行為，流露出歌者崇尚樸素、自然的純真性愛。與此相應，民間百姓則反對"假正經"和矯揉造作，這與封建衛道士所推崇的"男女授受不親"正好相反：

　　小姐妮走路走路碧文文，

　　情哥郎碰碰你別認真，

　　我看你灶山上茶葉也勿是原壺頭，

　　江西夏布只當你假斜紋。

　　歌謠中的男子先是以身"情探"，但見假作正經的女子故作矜持，便坦直地蔑視其"也勿是原壺頭"（處女）、"只當你假斜紋"（作假的樣子），表達出對虛假做作之不屑。另一首中篇私情歌《十望郎》也表達了同樣的意思，由此可以看出民間百姓喜愛樸直、自然的審美心態。

　　其次，在情歌中表現"挑逗"、打情罵俏的場面。這種直接的寫情的方式，與純文學的含蓄手法不同，顯得更為純真和坦白。如《試情郎》：

　　男：月上樹梢風涼爽

　　今朝要到妹妹房裏去一趟。

　　女：今晚爹爹暗備弓，

把你射死甩路旁。

男：甩路旁，也無妨，

變棵桑枝路邊藏，

但等妹妹來采桑，

桑枝兒抓破你衣裳。

……

女：郎呀郎，郎呀郎，

你真是個好情郎，

千難萬險我來扛，

大著膽子進我房。

這樣的情探顯然有"挑逗"意味。民間情歌從來不避諱這種情感表現。

再次，認同野性的美和偶發的愛，因而不避"野合"和未婚性愛。這也不難解釋，在封建社會中，由於"父母之命，媒妁之言"，造成有情男女難成眷屬，客觀上爲"野合"之舉開了"綠燈"；另一方面，"人性寂而情萌，情者，怒生不可閉遏之物，如何其可私也。"（馮夢龍《情史·總序》，第2頁，江蘇文藝出版社1987年版）心理的不平衡和長久的壓抑，亦爲"偶發之愛"和"野合"之舉提供了條件，因而往往在茂密的麥地裏，叢深的桑樹下，或者夜深人靜之後、月出黃昏之時，會閃爍出私情男女生命的火花，在許多敍事長歌和抒情短曲裏，有對這些"野合"男女的首肯和讚頌：

五月天氣暖洋洋，麥田光裏去偷郎，

天當帳子郎當被，麥做屏風姐做床。

　　這些情歌在描寫上往往熾熱而大膽，反襯出了所謂"合法"婚姻造成的夫妻關係的淡漠和無情。

　　當然，首肯"野合"和"偷情"，追求自然和樸素的心態，其歧義意向便是由"情"滑向"淫"，這正是民間情歌的一個負面。"今縱欲之夫，獲新而置舊，妒色之婦，因婢而虐夫，情安在乎"（馮夢龍《情史·總序》，第4頁，江蘇文藝出版社1987年版），頗爲真切地揭示了私情文學的兩重性。私情文學中實際存在的"輪迴模式"：贊慕 — 情探 — 相思 — 相愛 — 分離 — 拋棄 — 贊慕…，其隱形模式也正是這兩重性矛盾的必然產物。

苦歌：女性人生詮釋

　　在吳歌及吳地民間小曲中，有一部分演唱婦女生活的
"苦歌"令人矚目。在民間社會中，"苦歌"多爲女性演唱，
它是反映女性生活的怨歎歌，是抒寫心靈痛楚的悲調。這些
長歌短曲，或訴說內心哀怨，或控訴男子無情，或進而向整
個社會提出抗議。它們是長期處於從屬地位的婦女從心間迸
發的最強音，亦是無法釋然的情結，經由她們熟悉的山歌小
調，抒寫的人生"變奏曲"。然而，對於這部分女性苦歌，
在舊時代少人問津，在今天的學術界也一直未得到應有的重
視。

　　歷史地看，由於明中葉以後，江南一帶開始出現資本主
義的萌芽，社會一度曾出現反對禁欲主義、追求人性回歸的
朦朧覺醒，這在一定程度上也影響了在社會等級秩序中處於
最低層的婦女，因此，在這時期女性演唱的吳地民歌小調中，
也出現了依稀的"叛逆之聲"。但是，封建主義的積習，並
非在當時的社會條件和個性覺醒程度下能夠衝垮的，因此，
婦女半覺醒的心聲，也僅僅是以一種"哀怨音"、"歎苦經"
的形式，顯露在她們演唱的民歌中。不過，文學畢竟是人學，
女性苦歌恰恰是一部女子心靈學，我們從"苦歌"中，還是
能找到詮釋舊時代婦女人生的第一手資料。

一、思春：女子人生的長夜

　　從我國民間社會的實際情況來看，儒家傳統及宋以後發展起來的理學，對廣大民間影響最深。當"存理去欲"的封建說教與傳統禮俗結合起來後，嚴重地束縛了人們個性的發展和人性的欲求，給社會生活帶來諸多痛苦和危害。到了明代，社會上更形成了"僞道學"的社會風氣，在此種社會氛圍下，受害最深者便是最低層的婦女。

　　"僞道學"風氣瀰漫於整個民間，使社會成員無意識地帶著"有色眼鏡"，監視著家裏戶外的每個成員。俗話說"家醜不可外揚"，但由於存在世俗的"監督機制"，所以一旦有人逾矩，實際情況總是"張家長，李家短"地外傳開來，所以每個人更不免持著小心翼翼之心態，進入"節欲"的社會角色，這幾乎構成了民間社會的"風俗慣制"——

> 田邊遇見情哥哥，
>
> 到嘴閒話有幾大籮；
>
> 有心一一從頭說，
>
> 只怕閒人閒話多。

　　你看，純真的少女遇見心上人，想表達感情卻又欲言又止，惟恐"閒人閒話多"。在當時"男女授受不親"風氣盛行的氛圍下，個人的力量確實無法與世俗力量抗衡。

　　馮夢龍《情史·總序》云："人性寂而情萌，情者，如何其可私也。"[1]指出了情欲之發端和在生理上的意義。馮夢

---

1 馮夢龍，《情史》，（南京：江蘇文藝出版社，1987），頁 1。

龍的話是有所指的：在民間社會，處於青春年華，情竇初開
的少女們，很早就被她們置身的社會剝奪了"愛"的權利，
"情"便成為可遇而不可得的夢想 ——

　　姐在河邊洗篾席，

　　一雙鮮魚遊攏來，

　　鮮魚成雙何容易，

　　為何我成雙多煩難。

　　這首吳歌中，少女見物生情，把"鮮魚"與自己作對
比，感歎"為何我成雙多煩難"，唱出了舊時代少女的境遇。

　　心理學表明，人的心理長期不平衡或來自外來的諸種壓
力，可能為"變態"情欲提供心理態勢。同樣如此，這種"節
欲"的社會角色，其負面意義是在較強的人格面具下，人之
正常的七情六欲被深深地壓抑在心底，使情感欲求倍受煎
熬，結果可能是出現"變態"。江南流傳甚廣的情歌《十二
月熬郎》抒寫了一位懷春少女，從思春、念郎、遇郎、會郎，
最後竟然因爭不到婚姻，以致害郎而情死，頗耐人尋味，歌
手演唱起來也是悲愴動人。

　　用現代人的眼光看，少女時光理應亮麗活潑，滿懷憧
憬，然而從留傳下來的"私情歌"的實際情形來看，卻顯得
相當多愁善感、哀婉淒迷，有的甚至因"情"無所寄而出現
變調。例如流傳江南的《思凡歌》，寫一位很小就被送進庵
堂的"俏尼僧"，在青春時期因壓抑不住內心騷動，思春無
望而演唱人生的變調："一更裏來俏尼僧／進呀進庵堂／手
捧佛珠淚汪汪／年輕削髮真悲傷／正值青春年華好／不配少
年郎／怨一聲爹／恨一聲娘／不該將女送庵堂／朝朝要念彌

陀佛／夜夜思想少年郎。"這首歌中，儘管是寫的是一位尼姑"思凡"，但其中滿含的"怨"和"恨"，其實也是眾多女性情感生活的真實寫照。

我國有極為複雜的文化現象，雖在義理層次上有差異，但在說教人的實際運用上，卻常常互為補充。譬如，民間百姓何嘗不知道人有七情六欲，但由於社會風俗的力量，便不免對子女們的正常欲求，採取種種理由加以阻撓。長篇吳歌《五姑娘》中的女主人公（五姑娘）自找愛情、反抗兄嫂的結果，便被斥之為"不合禮教，有辱家門"，而命其服毒自盡，即為有力證明。在世俗慣制的傾向下，民間歌調中少見喜悅的嫁娶，遍處可見的則是"老姐嫁人快活哭"，或者如俗語所說的"嫁雞隨雞，嫁狗隨狗"。

從大量苦歌來看，女性正常的愛情在假道學風氣盛行的封建時代，從來都是在來自社會的、家長的甚至兄嫂的無理壓迫下苟延殘喘，女子從少女時代開始，便在思春和期盼的心境中，挨過人生的漫漫長夜。

二、哭嫁：自由喪失的呼嚎

女性生理欲求的淪喪，其實是與其獨立的社會人格之喪失緊密相連。傳統女性形象的"楷模"，總體而言是從不拋頭露面，在家中耕織燒洗的賢妻良母。這種傳統的女性人生模式，其帶來的必然後果是嚴重的性格缺陷、見識短淺，日益淪為男性的奴隸。以往所謂的"烈女"、"貞婦"、"賢妻"，如從負面意義而言，不過是整個畸形社會觀念的犧牲品。

　　因此，考察一下男性視角中的賢妻類型，就顯得很有意義。這裏，有一首 "光棍情歌"，是這樣唱出了他心中的 "戀曲"；"肚子饑餓心裏躁／望望煙囪勿在燒／大眾田裏喊吃飯／家中有米沒人燒／望得開年田稻好／十二個老婆一起討／二個取米二個淘 ／二個提水二個燒／二個後院割韭菜／二個喊郎燒熟了。"（《十二個家婆一道討》）典型的光棍白日夢，流露出男人的逍遙理想：娶妻討老婆，無非是爲找個生活上的保姆而已。無怪乎民間有些地區，習慣于把妻子稱做 "王家的"、"李屋的"、或者 "我家做飯的"，這些都表明妻子某種程度上就是丈夫的從屬品或雇傭。

　　因而在封建社會中，少女婚嫁並不顯得喜悅，而是在喜慶隆盛的婚禮場面上，唱出慨歎自由喪失的抒情歌 — 哭嫁歌。非常有趣的是，在這種場合，婦女的哭唱是百無禁忌的，她可以盡情發洩心中長久的不滿，可以罵媒人兄嫂，可以怨父母公婆，可以慨歎姑娘時代的逝去和苦日子的到來。所以部分哭嫁歌還上升到社會的高度，揭示了多側面的社會問題。有的哭嫁歌，除伴隨儀式進行的一部分由新娘獨唱外，其他如 "開歎程"、"坐歌堂" 等，還有同輩姐妹們伴唱。新娘哭時，"家中的老幼男女都陪著流眼淚，並加一番勸慰。"[2]哭嫁歌的演唱，宣告了少女時代的結束和媳婦生活的開始，因而很自然地獲得女性們的 "同病相憐"。且聽新娘子臨上轎前的 "哭嫁歌"：

---

2 林川，〈我鄉的婚俗〉，章錫琛主編，《新女性》第 1 卷第 6 號（1926年 11 月），頁 31。

> 人家的爹娘是官員，
>
> 把你的女兒當長工。
>
> 人家爹娘象閻王，
>
> 把你的下賤女兒當傭人。
>
> 人家把我當馬騎，
>
> 人家把我當牛耕。
>
> 落雨不得家中歇，
>
> 天晴不得樹腳蔭。

當女子出嫁進入家長制極嚴的夫家，嚴酷的鄉風民俗將會使她喪失獨立的人格，以致人生的大部分光陰將扮演忍氣吞聲的社會角色。在舊家庭中，媳婦是"外人"，是這個家庭中出聘禮買來的奴隸，因此她理應受到種種磨難和虐待。"父母家族對於女子所生出來的，只有勞苦和悲傷，奴隸和屈服，痛苦和唏噓。恥辱、夭亡、痛楚，就是所以表現男人之統制女子的特徵。"[3]

以男子為中心的家庭模式，應該說是我國舊時代的超穩定結構。"女人爬到丈夫頭上"(俗語)，這是一種人人都會詛咒的反常。結婚後的女性人生，仍然是在難忍的期盼中受盡煎熬。在封建時代的民間，夫妻關係中的男子很容易成為"惡霸式的流氓"：對妻子動輒打罵，或休妻了事，而自己卻可以娶三房四妾，或躲入妓院狎妓。在民國初期盛傳的許多民間小曲，相當真實地揭露了家庭關係中的這一陰暗處。因此，女性即使在最基本的生理需求上，也常常處於毫無主

---

3 拉法格，《家族進化論》，（上海：商務印書館，1929），頁216。

動性的尷尬境地，"走也難來留也難"，詛咒丈夫"死也難來活也難"。於是，許多女性的色欲的夢想，非常真切甚至赤裸裸地表現在她們演唱的山歌小調中，這便是所謂"葷歌"（色情歌曲）。在男性社會，"活守寡"與"小孤孀"其實無甚區別，"不要被女人衣裙拖住"(俗語)，歷來被誇大爲有所作爲的男性氣概。

從中國民間社會來看，新娘進入家庭後，其痛苦還來自同樣是女性的婆婆的摧殘。"廿年媳婦廿年婆，再歇廿年做太婆"(俗語)，婆婆對於新媳婦也有極大的權力。在吳歌的描寫來看，婆婆的怪戾和刁惡，有時甚于公公、丈夫和叔伯。民間文學中反映惡婆婆的題材相當多，因而說起婆家，首先令人想到的就有一位凶婆婆。這種婆婆現象，無疑是喪失自由，獨立的舊女性，那久壓於心間的不滿情緒，轉嫁於後來人的變態反映。

女子之淪爲"小媳婦"，其遭受的生理的、心理的摧殘和壓迫，必然會造成精神方面的多種痛楚。這也給予她們的演唱文學打上了鮮明的印記。一方面，部分"苦歌"作品呈現出非常令人吃驚的無奈感和失落感，有些可能已是變態之作，如著名歌謠《哭七七》。還有部分作品，則深深寄託著婦女們某種不安分的期待和渴望，戲劇化的內心展示顯得異常活躍，例如渴望"新私情隔斷舊私情"，有些所謂"葷歌"，表現出人生諸種失落後的狂放心理，這些作品均堪稱是感傷之作。另一些歌謠，則已超脫塵世，寄希望於來世，或如來、觀音了。如"求求閻王開開恩，幫我下世投個好娘胎，傷心人兒來，哎哎喲，投個好娘胎。"(《告陰狀》)，總之，無論是感傷之作還是“來世”之作，都真切地表現出女性淪爲家庭奴隸後的慘狀，抒發出女子內心的呼嚎。

三、幻滅：女子人生的歸宿

在古典文人文藝創作中，才子佳人式的“大團圓”，是一種極爲常見的“模式”。與此相反，吳歌中以表現“有情人終成眷屬”爲結局的作品卻很難見到，例如江南十大民間敍事詩中，無論是五姑娘、鮑六姐還是林二娘，其結局都充滿悲劇意味。

吳歌的悲劇處理，實質地反映了民間女性的真實處境。在舊時代中，婚嫁之前，女性沒有選擇的自由，完全由父母或家族包辦，聽從於所謂“父母之命，媒妁之言”，因而如果不是吉星高照，那麼大多數女子必然墮入情愛、性愛的痛苦深淵之中。婚嫁之後，男權處於壓迫地位，譬如丈夫有單方面的離婚權，男子可以藉故休掉妻子，而妻子即使不堪忍受丈夫、公婆之虐待，也不能主動提出離婚，因而留給女子的往往是大家庭的“天倫之苦”。來自心靈的痛苦，肉體的折磨，便是套在女性身上的繩索。

明中葉以後，受進步的社會觀念影響，民間女性逐漸滋生不滿包辦婚姻、主張愛情自主的朦朧意識。反映在吳歌中，由女性演唱的歌曲，描述“私情”、“偷情”的作品增多，甚至出現了較明確的反抗意識，如無錫山歌唱道：“麻繩鐵鏈把我捆，爹問我斷情勿斷情？我說路斷橋斷河水斷，斷手斷腳不斷情。”也有部分作品肯定出逃、私奔。這些新的時代觀念必然會通過歌謠的媒介，傳播給深受痛苦的其他女性。

事實上，在明清時期，私情文學的大量湧現，以及它們在民間的廣爲傳唱，反映了特定時代的社會情態。

　　但是，只要封建勢力和舊的文化傳統存在，新的社會觀念便難以成爲主流，女性的命運也不會有根本性的轉變。正是這個緣故，鑒於民間傳播的歌謠對維持社會正統觀念的威脅，嘉慶、道光年間修訂的《大清律例》就明文規定：“嚴禁男女唱歌，以維風化。狂妄之徒，因事造言，捏成歌曲，沿街唱和，及以鄙俚褻謾之詞，刊刻傳播者，內外各地方官，即時察拿，坐以重罪。”從民間的實際情況來看，也恰恰是在女性的思想觀念出現“風吹草動”的時候，封建衛道士們對她們的處置最爲嚴酷。明清律例曾嚴格規定，婦女如有出逃、私奔等行爲，家族必須處以沉潭、用石頭砸死或砍頭。所以在封建社會後期便出現過這麼一種情況：一方面是女性觀念悄悄覺醒，她們偷偷唱私情山歌，同情“五姑娘”等殉情的遭遇(在蘇州吳江一帶，有個不成文的說法：誰唱五姑娘死的結局，誰就會瞎眼或死去)，另一方面是社會習俗依舊頑固不化，對偷情、私奔之舉，動輒赤裸遊街、調笑打罵，受處罰的當然主要是女性。在這種社會氛圍中，女性根本不能擺脫“欲愛不能，欲罷不已”的深層心理痛苦，女子的人生夢，依舊將歸於幻滅。

　　概言之，舊時代女性從思春而哭嫁而幻滅，痛苦地度過了她們悲愴的一生，從吳地婦女所演唱的苦歌中，非常真實地展示了她們的內心世界和人生歷程。吳地苦歌，完全可以視爲舊時代女性的人生詮釋。

怨歌：家庭倫理之不諧音
── 清末民初吳中民間世情之演變

　　清末民初之際，中國社會經歷過一場激烈的動盪。延續數千年的封建體制式微瓦解，必然引起對傳統的社會體制、倫理道德乃至文化藝術的反思和批判。在新的選擇未竟以前，這種帶有全社會性的口誅筆伐，也曾經影響著廣大民間社會。具體到吳地歌謠來看，這時期的作品，一改明清盛期"情歌"流行之風氣，而代之以熱切反映社會生活尤其是家庭生活。這種文學新景觀，反映出人們的思想觀念已經有很大轉變。

　　從近人顧頡剛、胡雲翹等前輩採擷的吳歌及 1949 年以後收集到的作品中，依然可悉舊家庭之怨瀆顫聲。魯迅認為舊時代所謂革命帶給農村社會的僅僅是一陣"風波"，以後即歸於平靜和死寂，實際上這是就政權變更之於人們的影響而言，而從家庭生活來講，這陣風波可謂不小。本來，在自給自足的吳地民間社會，在經歷了數千年未息的皇朝更迭、政權交替之後，江南一帶早就形成一種以"市隱"、"鄉隱"為特色的經濟文化小氣候，其特點是：當地人更關心自己的家庭生活、經濟生活和文化生活（從這個角度來講，更容易理解為什麼家庭作坊發韌於吳越之地，近代又為何在吳地出了那麼多的富商和文化精英），至於政治生活，因其“天高皇帝遠”的地域特點，並不顯得過於重要。從明清之後，家庭生活歷來是人們關注的中心，因此“風波”起端於吳地家庭生活之中，是有其深刻的歷史緣由的。

　　清末民初吳地民間歌謠風氣之轉變，形式上是由明清盛期的感情狂放，而至該時期的理性嘲諷，實質上卻表現爲吳地舊家庭倫理的低落。家庭是社會的細胞，家庭內部的求變心態，必然能折射出社會的求變新態。從吳歌來看，它所反映的婆媳關係、姑嫂關係、甥舅關係、嫁出去的女兒和娘家的關係，都不像以前那樣充滿和睦、溫情，而是有著不和諧的張力。人們已不滿足於舊倫理的說教，而敢於提出內心的質疑和怨瀆，直至反映家庭關係之松疏和矛盾，以及對於青年自由和婦女解放之嚮往。所有發生在家庭生活之內的內核蛻變，恰恰表現出清末民初舊家庭生活的真況。

家庭倫理之怨瀆和低落

　　錢穆先生曾經指出：“我國家庭之終極目的，是父母子女之永恆聯屬，使人生綿延不絕，短生命融於長生命。家族傳承幾乎是中國人的安慰。”[1]出於對“血脈延續論”的心理認同，以及儒家傳統倫理的影響，我國歷來通行大家庭制，崇沿所謂“一門孝友，乃民立表率”，對分家異炊者，嚴斥之爲薄於情禮的小人，大家庭成爲最理想的形式，以致一提起我國家庭，自然便會想到爺爺叔叔、姑姑嫂嫂一大堆人。

1　錢穆，《中國文化史導論》，（臺北：臺灣正中書局，1968），頁43。

這種家庭形制確立之後，形成以家長制爲核心、行倡“孝悌”爲內容的封建倫理道德。“父對於子，有絕對的權力和威嚴。若是老子說話，當然無所不可。兒子有話，卻在未說這前早已錯了。”（魯迅）在封建宗族制、家長制統治下，人們只許唯家長意志是從，養成一種唯唯諾諾、馴順盲從的怯懦心理，不敢多說多動。在婚嫁方面男女青年無戀愛和婚姻的自由，完全由父母或家族包辦，聽從於所謂“父母之命，媒妁之言”等等。

大家庭制及家長制的確立，逐漸形成毫不尊重人的價值和個性自由的僵化模式，嚴重束縛著家庭成員特別是青年男女的手腳。明中葉以後，尤其到了清末民初之際，隨著市民階層和商品經濟之興起和發展，以提倡反對禁欲主義、呼喚個性自由爲核心的意識開始廓開人們的心扉，同時，當時社會“假道學”風氣依然盛行，它必然會與當時的新觀念發後衝撞。在民間文學中，以反對家長制爲內容的作品，相當深刻地寫出了這種矛盾，例如，當時大量的描寫“公公扒灰”的故事類型，就從心態展示角度，揭穿了舊家庭中作爲一家之主的公公的荒淫無道，從而動搖了人們對於家長制本身的盲從信念。又如長篇吳歌《林二娘》、《沈七哥》等作品，寫出了家長們“衛道”之虛弱，女主人公都是“父母之命”的忤逆者，爲個人的幸福已敢於反對家長制，敢於發出心靈的怨瀆。

由於家庭倫理之低落，家庭成員愈來愈希望建立新型的人際關係。父與子、婆與媳、母與女等等，都不該只是家長制下的監督關係，而需要人格的平等，代際之間的寬容，這些思想內涵都是通過對家庭的反諷形式，呈現在人們面前的。例如吳歌名篇《再歇廿年做太婆》，就用嘲弄口吻寫出了太婆這個角色在家庭關係中的"至尊"地位："……小姑娘洗澡娘拖背，/ 我要洗澡自燒湯,/腳踏條,手把床,/眼淚汪汪告訴郎，/ 郎話："你不要慌，不要忙，/ 十年媳婦廿年婆，/ 再歇廿年做太婆。"歌謠用丈夫的勸告，把媳婦的苦惱以啼笑皆非的形式，展示給了後人。《姆媽為啥都曉得？》也是個反諷作品，"小妹妹推窗望星星,/姆媽一口說我有私情。/ 姆媽為啥都曉得,/ 莫非姆媽也是過來人！/"這首短小吳歌通過媽媽洞察女兒推窗思春的心理反諷其"也是過來人"，從而從側面告訴我們一個訊息：母女原是同樣的家長制的受害者，似乎亦含有母女"醜處"相同，因此人格也理應平等的心態。應指出的是，在當時社會條件下，廣大勞動大眾對於建立怎麼一種合理家庭關係的目標並不明確，因此他們所嚮往的"人格平等"論調，也只是在其反諷中有所暗寓。這些反諷，較於明清之前人們對大家庭制及家長制的隨遇而安、麻木苟且而言，應該說已是不小的進步。

　　舊家庭倫理的怨瀆和低落，既是其自身流變的結果，亦是外來文化影響之結果。舊家庭倫理得以維持的手段，主要靠高壓和效仿，如果家長本身只是偽道學的奉行者，必然榜樣不立，遍地汙穢，這一點可以在《紅樓夢》或《家春秋》中看到，吳地歌謠則更為率直、尖銳地揭露了貧鄉僻壤的境況；至於高壓手段，終究會遇上反壓迫的對策，因而舊家庭倫理之花一旦脫離了封建專制的沃壤，必定會枯萎、死亡。

親屬關係之鬆疏和矛盾

　　在家長制支配之下，親屬關係深深打上"血脈"之烙印。血親之間，無疑有著千絲萬縷之聯絡，姻親關係又是血脈至親的附加，因此使得大家庭更是"一表千里"，姑爺大舅幾乎都與大家庭沾得上邊。潘光旦先生曾經在《中國之家庭問題》一書內討論過這個問題："舊式大家庭的最大缺點，在於枝枝節節，蔓延過甚，妯娌姑嫂、兄弟叔侄等關係，處處糾纏不清，家庭人數愈多，關係愈複雜……"或正是鑒於這一中國國情，歷代統治者要奉行"一人獲罪，株連九族"的勿放過一人政策，欲從根本上剷除反對自己的蜘蛛網路結構。

　　到了清末民初之際，緣於家庭倫理和家長制之低落，親屬關係日趨鬆懈，親情之間也紛見矛盾。家長制與家法難以維持局面，必然引起內部的分崩離析：親屬之間，不再以血脈之理來約束自己，而是用心去體察對方與自己是否合得來，或者以與自己有無利害瓜葛，以權衡親疏。這種家庭關係的內核蛻變，遍見於當時的吳地歌謠中，如一首歌謠這樣唱出當時的世情：

　　　門上纜起高頭馬，

　　　勿是親來也是親。

　　　門上纜起爛草繩，

　　　嫡親娘舅勿進門。

　　在舊家庭倫理制下，"老娘舅"是舉足輕重的大人物，無論評理或分家都要邀請這個人物來充當評裁角色，但是至清末民初，嫡親娘舅亦已失去往日之權威。更有兄弟之間，兄妹之間，也漸起不和諧之音："七歲小娘學拔秧，/秧葉短來稗葉長，/切切思想娘早死，/開爹倉，吃爹糧，/開娘箱子著娘衣。/勿曾穿過嫂嫂嫁來衣，/哥哥陪嫁撥我一隻破飯籮。"顯然，在家庭關係中，當個性和經濟做為權衡人際疏近的砝碼後，原本以家長制為核心，以舊倫理為內涵的舊模式，便趨於渙散，親屬之間怨厲頻起，充滿不和。

在吳地盛傳的清末民初歌謠中，有一部分反映家庭生活的作品，多採用怨歌形式表現出來。所謂怨歌，心有不平、不快之歌也。這是家庭之中怨恨情緒的明朗化，是弱小者對於擁有支配權一方之不平情緒的自然流露，也是家庭內部不和諧的標記。一時期內出現如此多的家庭生活怨歌，這在以往是很少見的，例如，《勿曾穿你嫂嫂嫁時衣》唱道："蜘蛛網裏多哩數（多哩數：多得很，吳語。）姆媽叫我織綾羅，/綾羅織了三丈三，/送給阿哥做長衫。/哥哥罵我"賤貨色"。/嫂嫂罵我敗家精；吃爹飯，穿娘衣，/勿曾穿你嫂嫂嫁時衣。/"本來，吳地一帶有一風俗：所謂"長兄為父"。未出嫁的女子可由兄長嫂嫂包辦婚姻及出閣前的管教（例如在父母較為屏弱或已作古的情況下），而這個女子竟敢違逆兄嫂，這確是當時的社會風氣使然。孤兒及媳婦，堪言是社會最低層者，但在當時社會氛圍的感染下，也能唱出人生的苦調，有些甚至敢於控訴摧殘壓迫自己的"主人"，如《做人家媳婦好刁難》唱道："豌豆開花環一環，/做人家媳婦好刁難，/廚房裏拿米小姑娘看，/井上打水叔子望。/不要看，不要望，/我不偷米來顧爺娘。/爺娘家金角柱，瓦屋樑，/燒金踏板雕畫床，/四個金磚墊床腳，/四根金索晾衣裳。/"這位媳婦以反諷的語調來表達自己的怨怒，合乎清末明初較為典型的譏諷心態。如果說："邇來人多薄惡，以童生而毆辱郡守；以生員而攻謙有司；非毀師長，連珠遍佈街衢；報復仇嫌，歌謠遂鍥於梓木。"（《明實錄》）反映出明代的社會風氣，那麼至清末明初時，這股譏諷怨氣已愈演愈烈，滲透進社會生活的方方面面，也包括家庭生活之中。

古之所謂"六親"即"父子、兄弟、從父兄弟、從祖兄弟、從曾祖兄弟、同族"。另一說《史記》確定為"外祖父母、父母、姊妹、妻兄弟之子、從母之子、女之子"。[2]到了清末明初已漸趨鬆散，親屬之間矛盾不和，也已是無法掩蓋的"外揚家醜"。民間有所謂"斷六親"說法，也確實道出了當時以經濟為權衡親屬親疏的世俗傾向。親屬之間相互利用、炫耀的實利性，已超乎純血緣之親情，至於姻親，更兼帶上攀門第、結裙帶的功利性。無利不親，是當時社會的普遍傾向，而傳統的"皇帝也有三門窮親戚"遂已成為不合時宜的迂腐觀念。可以說，親屬觀念到了這時候，裙帶關係既成惡習，階級鬥爭性亦同時兼具。瞭解了家屬關係之演化，那麼，對於二三十年代為什麼惡勢力得以割據，親兄弟終於殊途等等現象就比較容易理解了。

青年之自由和婦女之解放

隨著大家庭制漸趨衰落，以血緣為家族重心的傳統觀念，逐漸向以姻緣關係為重心的夫妻子女感情融合的新觀念

---

2 《海外學者論中國文化》，（北京：東方出版社，1988），頁249。

嬗變。舊式家庭中的禮儀和道德規範,已不適應新式家庭的需要。在這些變化中,最突出的是青年自由和婦女解放的問題。

在封建社會中,由於在婚嫁方面男女青年沒有戀愛和選擇的自由,完全由父母或家族包辦,聽從於所謂"父母之命,媒妁之言",因而如果不是吉星高照,那麼大多數女子就必然墜入人生的痛苦之中。又由於夫權的壓迫,表現為丈夫有單方面的離婚權,男子可以藉故休掉妻子,而妻子即使不堪忍受丈夫、公婆之虐待,也不能主動提出離婚,因而留給女子的往往是大家庭的"天倫之苦"中。心靈上的痛苦,肉體上的折磨,便是套在女性身上的繩索。從少女時代的愛之夢。到進入夫家後的來世夢、天堂夢的蛻變,人們完全可以推想這繩索的份量。

清末民初,民間女性開始出現不滿包辦婚姻,不堪夫權壓迫的朦朧意識。這種新介入的意識,突出地表現在喜慶隆盛的婚嫁序曲 —— 哭嫁歌中。非常有趣的是,在這種場合,女子的哭唱是百無禁忌的,她可以盡情發洩對蒼天不公的憤慨,可以罵媒人丈夫、怨父母兄嫂,或慨歎姑娘時代的逝去和苦日子的到來。因此部分哭嫁歌已上升到社會的高度,揭示了現實生活的諸多問題。有的哭嫁歌,除伴隨儀式進行的一部分由新娘獨唱外,其他如"開歎程"、"坐歌堂"等,還有同輩姐妹們伴唱。新娘哭唱時,"家中的老幼男女都陪著流眼淚,並加一番勸慰。"[3]由此看來,哭嫁歌實質是女性詛咒舊式婚姻,哀歎自由喪失的內心呼嚎。

---

3 林川,〈我鄉的婚俗〉,章錫琛主編,《新女性》第 1 卷第 6 號(1926年 11 月),頁 31。

　　在舊式家庭體系中，舊習俗和舊觀念往往構成一種社會壓力，影響著人們的日常行為。例如，妻子的生育與否，生男與生女，都會決定著夫妻雙方在家族中的身份、地位、權勢和財富。青年男女受制于諸多無形的約束。應該說，在大家庭中，受害最深的是青年，尤其是女子，他們自小到大都受著長輩們的監護，例如言行規矩、職業選擇、婚姻取捨等，無一不是充當木偶或奴隸角色。在顧頡剛先生的《吳歌甲集》中，收錄有《陽山頭上花小蘭》一首，便詳細的描述了一位新媳婦的"木偶"品行："陽山頭上花小蘭，/新做新婦多許難。/早晨提水燒粥飯，/下午提水燒浴湯。/姑娘洗澡我拖背，/我去洗澡自添湯。" 新婦的木偶性，無疑是畸形的家長制度下，某些風俗慣制驅使的結果。因此，當家長制及相應的風俗慣制面臨外來文化衝擊，約束力有所下降時，首先唱出內心吶喊的，必然是遭受壓迫最深的青年男女。

> 人家老公像條龍，
>
> 我的老公像條蟲，
>
> 哪年哪月毛蟲死，
>
> 斑鳩跳進畫眉籠。

　　《斑鳩跳進畫眉籠》這首著名歌謠，描述的正是一位女子受"父母之命"誤把愛情的紅絲線交給"毛蟲"（軟弱、無能）般的丈夫，卻又憧憬尋覓到像蛟龍般出色的丈夫的無奈和憤懣心理，帶有當時社會的時代特徵。在江南十大民間敘事詩中，主人公五姑娘、林二娘、鮑六姐等奇女子，本來都是低眉順眼的青年女子，但是在愛情的驅使下，敢於做出

前輩們不敢做的事。這些都足以說明當時漸趨衰朽，鬆垮的
家長制和風俗慣制，已很難像以往那樣約束人們的手腳了。

　　總之，清末民初是我國家庭倫理流變的特殊時期。舊的
倫理已經低落，而新的選擇卻依然渺茫。民間吳歌所表現出
來的"反諷"色彩，就是這一特殊性的真實寫照。親屬關係
的鬆散和青年自由度之增加，是當時社會生活的實況。它們
為家庭問題乃至整個社會問題的論爭，提供了至為寶貴的資
料。

論吳歌中的 "來世" 觀念

　　吳中自古就是佛教隆盛之地，一般民間百姓亦以皈依佛教者居多，因此吳歌這種滋生於香煙氤氳土壤上的民間文藝，自然也抹不掉佛教信仰的痕跡。這裏以幾首吳歌爲例，來看看吳人之 "來世" 觀念，究竟反映了怎樣的社會心理。

一、來世在空間上是現實世界的藝術虛構，在時間上是當時社會的橫向移植。

　　對於來世觀念，佛教只是在義理上作過哲學的闡釋，即根據衆生生前的善惡行爲不同，來決定人們轉生之性質，後來有些教派雖添置了轉生的六道輪回，即地獄、鬼、畜生、阿修羅、人和天，但其內容和意義仍難以爲一般百姓領悟和接受。他們只能在 "來世" 這個概念上，按照各人的不同經驗，來作時空上的想像。因而便出現了一個非常有趣的現象：對於來世的猜測，表現在空間上不過是民間百姓所生存空間的藝術虛構，在時間上又不過是他們所生活的時代之橫向移植。這種宗教世俗化的傾向，無疑也顯示出民間百姓融攝、"淺化" 深奧宗教義理的能力。關於這一點，美國湯瑪斯·F·奧·戴在《宗教社會學》中指出，宗教世俗化是世界性的共通現象，認爲 "伴隨宗教出俗化而出現的，已是脫掉了神聖的外衣，由可以實際操縱把握的內容組成另外一種世界觀。
這種世界觀越來越把宗教世界觀納入‘個人的’經驗領域，
並越來越成爲‘公共的’思想模式。”[1] 吳歌中的宗教觀，
恰恰可以證實這普遍性的宗教世俗化現象。

　　我們且來看看吳歌在描繪投胎來世過程中，經西天、過
輪回，究竟民間化到何種程度。蘇州吳江柳仁堂演唱的《西
方路上》，在描述進入“西方路上”之情形時唱道：

> 西方路上一隻小發船，
>
> 停船停在石駁岸，
>
> 纜繩帶在荷花椿，
>
> 後生家下船苦淒淒……

　　這首吳歌中，所謂“小發船”，是江南的一種小快船，
常用于裝載來往客人；“石駁岸”是沿河岸用石塊堆砌、防
止河水沖決的河岸，纜繩繫在荷花椿，不是典型的江南水鄉
棲船圖麼?但是在歌唱者看來，已經是走在西方路上，將赴閻
王殿了。所以，一方水土養一方人，一方人唱一方歌，即使
飄紗如西方投身去，民間也會按照其所見所聞，將耳熟能詳
的風俗畫面帶入其想像的神話世界中。吳歌《煙花女子告陰
狀》有一段描述“森羅寶殿”的唱詞，是這樣唱的：

> 初一月半廟門開，牛頭馬面分做兩邊排，傷心人兒來，
>
> 哎哎喲，分做兩邊排。
>
> 判官手拿一本生死簿，小鬼手拿勾魂牌一塊，傷心人兒
>
> 來，哎哎喲，勾出魂靈來·

---

1 [美]湯瑪斯·F·奧·戴，《宗教社會學》，（北京：人民出版社，1987），
　頁58。

閻王獨坐森羅殿上，陰風吹吹跳出個女鬼來，傷心人兒來，哎哎喲，跳出女鬼來……

這段文字，與其說是描寫閻羅殿，無寧說是當時舊公堂的活寫真：官老爺端坐在大堂上，兩邊差役持杖而立，顯然，舊公堂上威風凜凜的景象，潛意識地影響了歌唱者對“森羅寶殿”的想像。至於“牛頭馬面兩邊排”、“小鬼手拿勾魂牌”、“女鬼跳出來”，乃至“廟門自打開”，無非是現實生活的改頭換面，再加上歷代文人、藝人的浪漫想像，以此凸現出“鬼門關”的陰森猙獰。由於佛教在描述眾生輪迴往來的道途非常艱難，歌手們便不得不通過種種虛構想像，藉以表現“上西天 — 轉輪迴 — 投來世”的全過程。

由於佛教中的“來世”具有較複雜的宗教內涵，民間在吸納這一觀念的過程中，實際上已對佛教義理作了加工取捨。有些是因為普通民間百姓無法記住六個輪迴的全過程，有些則是由於某些義理（如阿修羅），很難敷演出具體的藝術想像，民間就只得割捨掉。而另外一些較為人們熟知的意象，如閻王殿、地獄、鬼等，卻經過歷代之傳承、加工、深化，已經恐怖得足以變成一種“集體無意識”，庶民階層提及這些意象，幾乎可嚇住小孩，或可使人夜路迷狂。

從以上兩首吳歌的情況來看，民間對於宗教，實際上是按照其需要進行改造、取捨的。在時間座標上，它表現為共時代性，這樣容易使聽歌者產生共鳴；在空間位置上，又表現為區域性特徵，唱身邊事物，體現內容之“貼近性”。這就容易使人聯想起：為什麼唱同樣題材的民歌，不同時代的歌手，演唱上有差異；又為什麼同時代不同地區的歌手，演

唱時也會出現差異。歌謠傳播的“一脈千流”，實際上正是
民歌出現大量異文的真正原因。

二、來世是現世願望得以實現的場所。
　　好人的天堂，壞人的地獄。

正如前面所述，佛教宣揚依據眾生生前的善惡行為，來
決定其轉生輪迴的思想。因此，眾生唯有在善惡因果的嚴密
關係中，修善積德以隨福業而上升，否則，作惡便隨罪業之
深重而下墮。如此上升下墮，死此生彼，生生死死，世世升
沉，不斷在苦海中沉浮，在輪迴中流轉，永無了期。

但是，庶民階層在實際接受因果報應的時候，卻對這嚴
酷的因果律作了根本的“修改”。譬如佛教認為，由於眾生
對人世欲望的執著，所以便有樂受、苦受、舍受，而起貪、
嗔、癡等煩惱，而造成種種善惡業；人們對於佛的“無明”，
才會有生死痛苦。但是，民間恰恰是因現世的痛苦，又難以
擺脫“無明”的困惑，才皈依佛教，才接納來世觀念的。佛
教要求人們拋棄對外在物質的追求，斷除私心雜念，尤其是
對愛情，生存、金錢、權力和欲望，多行善，來世就會有好
的命運；而一般庶民階層恰恰是因為物質生活過於貧窘，又
難以割捨對金錢、名譽、權力、愛情之偏好，才欣然寄望於
來世，希冀投胎于不再遭受人生痛苦和能滿足其所有欲求的
人家。總之，佛教宣揚割捨“無明”以修來世，百民間卻希
望好的來世來擺脫“無明”之痛苦，這便形成一個很有意味
的“二律背反”。由此看來，我國民間的來世觀念，實則上

是建立在佛教教義的悖論上的，它割捨了系統的哲學理論，只取其"來世觀念"，以滿足各色人等虛構未來的理想圖景。

　　再以"西方路上"下半段爲例，來看看民間的欲求與佛教之修來世有多麼相悖。閻羅王見小娘娘踏下船之後，還是"苦淒淒"的一臉愁容，就問她"你還有什麼牽掛?"她答道：

　　　　我第一不捨得好爹娘，

　　　　第二不捨得公婆大人在堂前，

　　　　第三不捨得三歲兒童無娘教，

　　　　第四不捨得丈夫獨自守空房，

　　　　第五不捨得繡花枕頭大紅被，

　　　　第六不捨得金漆條板象牙床，

　　　　第七不捨得七十畝青苗爿爿熟，

　　　　第八不捨得三間院堂四隻廳，

　　　　第九不捨得一年四季衣衫我不曾穿完全，

　　　　第十不捨得好親好眷好鄉鄰。

　　你看，這位女子踏上西方路上之後，對陽世的一切還十分眷戀，樣樣東西都"不捨得"。她舍不掉物質的私利，正是犯了佛教"無明"之大忌，難怪主宰她生與死的閻羅王也要驅逐她"出境"了：

　　　　你這位娘娘良心這樣好，

　　　　送你陽壽二十年：

　　　　生死父母麼多孝敬，

　　　　公婆大人去安葬好，

　　　　三歲孩童抱出道，

丈夫衣裳去縫補好。

在我看來，那位閻羅王該是中國民間化的閻羅王。倘按照佛教之觀點，抱著如此"庸俗"價值觀的人是很難修好來世的。我們的民間歌手卻按人的日常感情，又將那位娘娘送還陽世了。這是典型的世俗欲求，偏面地解釋了佛教"善有善報"的深奧教義，儒家固有的忠孝觀念，又抹去了佛家超塵修行的主張，所以就不倫不類地，會出現如此富於人情味的"閻王殿"。

又如，吳歌《煙花女子告陰狀》和《哪世去投只晃雌雞》（晃：漂亮之意），一個是妓女的哭訴，一個是寡婦的尤怨，都恨世俗社會摧殘了她們，而內容卻有天壤之別。前者是一個弱女子倍受嫖客、老鴇的欺凌，希望幫她下世投個好娘胎，不再做妓女，《哪世去投只晃雌雞》卻恰恰相反，小孤孀因長期得不到性愛，似乎有一點性變態，她見"雞"自憐，便甘願來世去做"雞"，"讓我到來世去投胎，變一隻漂漂亮亮的晃雌雞"。

以上兩例，頗具有諷刺意味。"來世觀念"在民間並沒有一貫的具體目標，是可以隨便轉換的"萬花筒"，可以是富家"好娘胎"，也可以是性欲得以滿足的場所，但都指向著個人的理想和願望，或富貴，或權勢，或聲色，或多子，或長壽……現世生活中缺什麼，就期望來世中有什麼，把自己打扮得漂漂亮亮進天堂，把傷害過自己的"惡人"送入來世的地獄。因而來世觀念在民間，其實從沒有跳出一己之私利的欲求，它是可以滿足不同人生需要的理想"桃花源"。

三、來世觀念影響著吳歌的審美性， 在藝術上表現為浪漫和純情。

　　來世觀念既在民間理念上表現爲前世願望得以實現之場所，又在想像中成爲自己理想的天堂，這無疑將影響民歌演唱者的藝術虛構和情感投射。

　　與一般吳歌以抒發世道不平、愛情失落、心靈呻吟等生活歌、私情歌等不同，抒寫“來世”題材的作品大都想像浪漫（如《西方路上》）、感情真摯（如《煙花女子告陰狀》），並充滿神祇對人世的關懷和同情。從一些具體的吳歌作品看，民間藝術家們往往在虛構“來世”時，表現出極大的浪漫、虔誠和熱情，並創造出美好的畫面以表達對來世的憧憬和嚮往。這種虛幻境界，無疑可以平衡一般民眾在現實生活中的怨忿心理，所以他們對來世的尋求，實際上體現爲世俗欲求之失落、人生痛苦之無奈的“迴光返照”。來世是民間最高理想之產物，所以來世的“桃花源”，在吳歌中已達到了藝術想像之極致。

大眾文化篇
小說影視論

精神突圍與自我拯救

── 兼論王小波小說的 "草根性"

　　自認爲是 "沉默的大多數"[1]一員的王小波，終於在世紀末以最眩目的方式展示了生命的燦爛。可是這僅僅是短短的一瞬，數年之後人們便只能強忍著悲痛，來評說他留給我們的至真至美的遺產了。"假如上帝要我負起灌輸的任務，我就要請求他讓我在此項任務和下地獄中做一選擇，並且我堅定不移的決心是：選擇後者。"[2]王小波履行了自己的諾言：當他寫完《沉默的大多數》這本雜文集的序言之後，就在上帝的急促召喚下進入了天國。

　　今天我們斷言王小波作品在未來世紀的地位，當然爲時尚早。但正如一位論者所言："王小波無疑是當代中國文學、乃至二十世紀中國文學中一位極爲獨特且重要的作家。"[3]這一判斷並非空穴來風。我們看到，在當代中國作家中還絕少有人象王小波那樣，站在徹底的詩性立場和個人立場，對中國經典意識形態和文化秩序提出質疑和反叛。在他純正的母

1　王小波，《沉默的大多數》，（北京：中國青年出版社，1997），頁 5。
2　王小波，〈知識份子的不幸〉，《沉默的大多數》，（北京：中國青年出版社，1997），頁 45。
3　戴錦華，《智者戲謔 ── 閱讀王小波》，《當代作家評論》第 2 期（1998年 2 月），頁 50。

語寫作中，一直迴蕩著一位特立獨行的民間知識份子或"草根"的聲音，那就是洞指和揭穿現實現世生存真相，實現自己的精神突圍和自我拯救。

王小波辭世以後，在人們紀念他的文字中出現頻率最高的字眼是"自由"與"理性"。王小波自己說過："我的大半生都是在抑鬱中度過。我是一個自由主義者"。在他的自我體認中，我們可以獲得沉思和拆解的物件：在經歷了瘋狂的年代，見識了"文明的碎片"之後，王小波已自覺地意識到自己的"草根"身份。眾所周知，王小波經歷、學歷複雜，先後當過知青、民辦教師、工人、工科大學生，又到美國匹茲堡大學取得文學碩士學位，再學電腦，在統計系當助教，回國後在中國人民大學和北京大學任教，後又放棄教職做自由撰稿人。這一常人少有的經歷，不只是他留下的命運軌跡，更深意義上是他不斷尋求人生超越的自覺。在王小波的筆下，尤其是在他的小說中，我們都能看到他對"理性"與"自由"的抒寫，這兩者構成了他實現精神突圍的跳躍"平臺"。

毋庸諱言，在我們生活的時空下或者說在我們被籠罩的生存氛圍中，具體的個人是異常脆弱的，這是一個簡單的事實。但不幸的是，絕大多數的人並沒有清醒地意識到這一事實。他們把主宰個人命運的權利、思考的自由一併交給了那些說著大話的"哲人王"。在王小波看來，在現實現世中就有這麼一位看不見摸不著的"哲人王"：

> 時值今日，還有人盼著出個哲人王，給他設計一種理想的生活方式，好到其中去生活；因此就有人樂於做哲人王，只可惜這些現代的哲人王多半不是什麼好東西，人

民聖殿教的故事就是一例。不但對權勢的愛好可以使人
誤入歧途，服從權勢的欲望也可以使人誤入歧途。至於
我自己，總覺得生活的準則、倫理的基礎，都該是些可
以自明的東西……不管怎麼說，我不想把自己的未來交
給任何人，尤其是哲人王。[4]

　　從某種意義上說，王小波的個人立場就是以背對"哲人
王"、面向大眾草根的姿態，對現存文化體制的拒絕，也是
對"人之為人"的終極價值的呼喚。他象那個可愛的唐·吉訶
德一樣，把犀利的長矛直指假想的仇敵，只不過這個"仇敵"
不再是風車，而是那片無邊而滯重的"人文精神"。他冷靜
而從容地坐在它的對面，對"人文精神討論"、"文化熱"、
"國學熱"辛辣嘲弄，堅定、執著地展開大面積的自我拯救：
"作為從另一個圈子裏來的人，我對新圈子裏的朋友有個建
議：讓我們來檢查一下自己，看看傻不傻，瘋不瘋？"[5]事實
上，王小波的精神突圍的起點，就是建構在"人之為人"的
終極價值之體認上的。

　　像王小波那樣堅定地把畸形的文化精神與人文傳統，整
個地從莊嚴的寶殿上掀翻，這多少有點"浪漫"的舉動令人
想起魯迅。六十多年前，那位智慧而銳利的巨人，曾經用"匕
首"和"投槍"直指"國民性"、"劣根性"，然而"不
幸"、"不爭"的事實依然盤踞在沉重的文化現實中，個人

4　王小波：〈理想國與哲人王〉，《沉默的大多數》，（北京：中國青年出
　　版社，1997），頁119。
5　王小波，《沉默的大多數·序言》，（北京：中國青年出版社，1997），
　　頁18。

的覺醒與精神的解放並沒有得到實現。孔子說：久居鮑魚之
肆，不聞其臭。當我們置身於非理性的文化環境中時，往往
不聞其臭，而王小波的特立獨行之處，就在於承續了魯迅的
批判精神，聞見了我們的時空下的窒息和"無趣"。這是一
份巨大的真實：我們中國人的具體個人總是被"人文精神"
的氛圍，一點一滴地被抽幹了生命。

王小波坦言："在這世界上的一切人之中，我最希望予
以提升的一個，就是我自己。"[6]他的拯救計畫不像"哲人
王"那樣企圖從社會開始，而是從自我作為起點。王小波似
乎特別關注一個重要而敏感的問題，即當代中國知識份子的
角色。王小波本人曾明確表示："假如說，知識份子的責任
就是批判現實的話，小說憎惡現實的生活的某一方面就不成
立為罪名。不幸的是，大家總不把小說家看成是知識份子。"
[7]在這令人窒息的"包袱"和"尷尬"面前，王小波斷然拒絕
了 20 世紀知識份子的"宿命"：他放棄了在美國獲取一個博
士學位，或在國內曾經擁有的大學教職，拒絕成為某類"專
家"、學院知識份子；他同時拒絕甚或蔑視一個中國舊式文
人那種"立德、立言、立功"式的完人楷模。"在舊式中國
與當代學院知識份子之間，他的選擇似乎更接近於一個民間
的人文知識份子：一個自由人，一個通才，一個自由的寫作
者、思想者與創造者，離群索居，特立獨行。從某種意義上

---

6 王小波，《沉默的大多數·序言》，（北京：中國青年出版社，1997），
　頁 18。
7 王小波，〈未來世界·自序〉，《浪漫騎士》，（廣州：花城出版社，1997），
　頁 53。

說，這正是本世紀以來，中國精英知識份子所渴望的選擇與夢想。"[8]或許這正是王小波的真正過人之處，他深知作為一個獨立思考的作家，假如缺失了真正的草根之"思"，那麼自由思想云云只能是空洞的理想或矯情的奢侈。

與特立獨行的"思"同時俱來的，是王小波對自己從事文學創作的體認和定位。與此相關的闡釋有：

1、個人的別無選擇："我身上總有一股要寫小說的危險情緒。我相信我自己有文學才能，我應該做這件事。"（《我為什麼要寫小說》）

2、交流的渴望："人在寫作時，總是孤身一人。作品實際上是個人的獨白，是一些發出的信。我覺得自己太缺少與人交流的機會 —— 我相信這是寫嚴肅文學的人共同的體會。但是這個世界上除了有自己，還有別人；除了身邊的人，還有整個人類。寫作的意義，就在於與人交流。因為這個緣故，我一直在寫。"（《與人交流 ——〈未來世界〉得獎感言》）

3、思維的樂趣："對於一位知識份子來說，成為思維的精英，比成為道德精英更為重要。"（《思維的樂趣》）"我們的生活有這麼多的障礙，真他媽的有意思，我的小說的真正主題，還是對人的生存狀態的反思。"（《從〈黃金時代〉談小說藝術》）他在《我的精神家園》中又寫道：人文事業之於他，"用寧靜的童心來看，這條路是這樣的：它在兩條竹籬笆之中。籬笆上開滿了紫色的牽牛花，在每個花蕊上都落了一隻藍蜻蜓。"

---

8 戴錦華，《智者戲謔 —— 閱讀王小波》，《當代作家評論》第 2 期（1998年 2 月），頁 51。

4、詩意的創造："一個人只擁有此生此世是不夠的，他還應該擁有詩意的世界……而最美好的事物則是把一件美好的東西創造出來時的體驗。也許這就叫做人文精神。"（《浪漫騎士》代序）

5、"有趣"的追求："凡人都喜歡有趣，這是我一生不可動搖的信條，假如這世界上沒有有趣的事我情願不活。有趣是一個開放的空間，一直伸往未知的領域，無趣是一個封閉的空間，其中的一切我們全部耳熟能詳。"（《懷疑三部曲》序）王小波的《紅拂夜奔》談的就是這個問題，他要說明的是，小說家最該做的事是用作品來證明"有趣"是存在的。

至此我們不難看出，王小波個人寫作的最重要特徵即是他的原創性與"草根性"，是"文學個人化"的奇觀。它不僅游離於現存文化體制和主流話語之外，而且對於中國社會的主流常識系統也具有顛覆力。

曾經有論者指出：王小波的精神突圍，與新時期文學以來曾被文學評論界所褒揚有加的"宣洩"與"消解"大為不同。"無論是'右派'作家、'知青'作家的特有生活經歷的特有宣洩，還是經過結構主義洗禮的所謂'先鋒'作家的無情消解，都嚴重而無奈地體現出漢語言在轉述苦難時的可憐的失重，前者在宣洩了之後只能是忘記，後者在消解了之後只能是無聊。"[9]而王小波的獨異之處，在於他始終以"人文精神"中"正方"的反詰者的角色，毫不褪縮地向這種"無趣"而強勢的存在討還"人"的起點，並展開全方位的

---

9 吳勵生，〈論操作與不可操作〉，《北京文學》第 2 期（1998 年 2 月），頁 37。

"自我拯救"。更爲重要的是，王小波"討還自我"的精神歷險，一反中國現當代文學那種軟弱、感傷和媚俗的風氣，而是以其超拔卓絕的價值境界，深刻地揭示了歷史的荒誕性，寄寓了對中國人尤其是中國知識份子角色的反思。他的自我拯救，"不僅要讓那些軟弱感傷的所謂'精神自贖'黯然失色，更是要讓那些'人文精神'理論家們神龍見首不見尾。" 10

王小波的"精神突圍"事實上是一場"精神歷險"。他主張文學事業可以像科學事業那樣，成爲無邊界的領域，人在其中可以投入澎湃的想像力。這樣王小波就不得不爲他的主張承受困難和壓力："我自己就寫了這樣一批小說，遺憾的是，這些小說現在還在主編手裏壓著出不來，他還用本體論的口吻說：他從哪裏來？他是誰？他到底寫了些什麼？" 11在獲得了"突圍"之後，王小波試圖在作品中以喜劇精神和幽默口吻述說人類生存狀況的荒謬故事，放肆的比喻和辛辣的反諷令人驚詫，"直讓沒滋味的生命變個味道"。但問題是，這種"黑色幽默"和諷刺素質在正統的文學中一向匱乏，從不受到鼓勵和欣賞，於是他的聲音，被認爲是既不莊重又不雅馴、鬧騰得天翻地覆的"搗蛋鬼"的聲音。

無疑這裏存在著審美過程中"傳"與"受"的"斷裂"。王小波曾敏感地發現了這個簡單而重要的事實：當代

---

10 吳勵生，〈論操作與不可操作〉，《北京文學》第 2 期（1998 年 2 月），頁 38。

11 王小波，〈關於幽閉型小說〉，《我的精神家園》，（北京：文化藝術出版社，1997），頁 163。

中國作家是被 18、19 世紀歐美文化與文學，準確地說是其中文譯著所"餵養"而成的。"它不僅是當代中國文學極為重要然而始終隱形的文化資源，而且它事實上構造出了生於五十年代前後的當代作家的知識譜系與寫作規範。因此，整個八十年代文化與文學，始終縈回在不斷告別、又無法告別的 19 世紀話語結構之中。而九十年代，在'後現代'的聲浪中，儘管它突然被時尚中人棄若敝屣，卻依然是橫亙在寫作者與'現實'間的巨大的文化'幽靈'"[12]毫無疑問，王小波的"師承"顯然迥異於同代人，他的文學譜系，一是 20 世紀歐美文學一翼，如卡爾維諾、瑪格麗特·杜拉斯、莫迪阿諾、君特·格拉斯、尤瑟娜爾，又如法國新小說派、荒誕派、黑色幽默、魔幻現實主義、英國維多利亞時期的地下小說等等；二是北京茶館裏的說唱、侯寶林的相聲、從小耳濡目染的奇聞故事，甚至街頭的吆喝叫賣。

審閱王小波與同時代作家的分野或斷裂是重要的，也是必不可少的。正是文學譜系和話語系統的差異，王小波一直被視為是文學領域中的"異端"和"外星人"。加之在小說或隨筆中他一再反諷數千年來延續至今的棄智主義、實用功利主義和"假道學"的社會氛圍，嘗試以全新的草根形態敍述關於中國、關於歷史、關於權力與人的"原生態"，王小波自然與持正統文學信念的理論家和讀者格格不入。

現在就讓我們透過王小波的作品，在解讀中領略其"草跟寫作"所指涉的"思"的領域，從而看一看王小波的"突

---

12 戴錦華，《智者戲謔——閱讀王小波》，《當代作家評論》第 2 期（1998年 2 月），頁 53。

圍"與"拯救"究竟走得有多遠:

1、關於"小說寓言"

在讀者的閱讀體驗中,王小波的作品構成了有關"文化大革命"歷史、當代中國以至整個中國歷史的寓言。這是一種對特定時代的凝視與思考,卻又最終穿透了特定時代的限定,從而進入了關於極權、專制、社會暴力、反抗與自由、理性與非理性的"民族寓言"。

我們以《黃金時代》作爲入口,進入其寓言迷宮。在這組系列作品裏,名叫"王二"的男主人公處於恐怖和荒謬的環境,遭到各種不公正待遇,他卻擺脫了傳統文化人的悲憤心態,創造出一種反抗和超越的方式,照他的說法是 —— 你既然不能證明自己無辜,便乾脆證明自己不無辜。於是他和情人陳清揚一起,以性愛作爲對抗外部世界的最後據點,將性愛表現得既放浪形骸又純潔無邪,不但不覺羞恥,還轟轟烈烈地進行到底,對陳規陋習和政治偏見展開了極其尖銳而又飽含幽默的挑戰。他一次次遭挨打、"修理",但他卻處之坦然,樂觀豁達,獲得了精神境界上的全線勝利。

這部長篇小說當然存在著多層意蘊上的寓言結構,但最爲凸顯的是"性"與"權力"之間潛在的對應關係。在這部小說中,王小波寫了以施虐、受虐面目出現的權力遊戲,王二、陳清揚這兩位處於受虐地位的小人物,卻在被虐的身份中獲得了巨大的激情和情欲。佛洛德對受虐狂的成因有這樣一種解釋:人若落入一種無法擺脫的痛苦之中,到了難以承受的地步,就會把這種痛苦看作是幸福,並以這種方式來尋求解脫。顯然，佛洛德的“逆轉說”還不是小說的主旨所在，在筆者看來，王二、陳清揚之間在極度荒誕情景中的性愛經歷，不只是施虐、受虐的性遊戲，它更映證著一種身份政治和權力遊戲，同時還喻指著權力機器在人的基本欲求面前，其有效性和尊嚴統統被瓦解了。例如王二、陳清揚每次“出完鬥爭差”、被批鬥回來，倆人便情欲旺盛，這種戲劇性的“悖反”顛覆了權力操作的有效性。王小波的過人之處在於他洞指了一個潛伏的隱喻：一如性別場景始終不能逃離對權力模式的複製，權力遊戲則因施虐與被虐式的關係始終隱含著“性”意味。因此，如果把王小波的小說當做“性愛小說”，那麼無疑是沒有認識其小說價值的誤讀。

2、關於“性描寫”

談論王小波的文學作品，任何避開性問題的討論都是不現實的。在其小說中，王小波空前直率地寫到性，目的是要探討這些層面的深處折射出的中國人的生存境遇。王小波並不諱言“性”，以爲“性是一個隱藏最多的東西，是透視靈魂的真正視窗。”[13]

本來，性與人生、文學的關係，應該是毋需辨白的，但是一涉及這個領域，禁忌就不期然地來了，這原因涉及到中國人的文化傳統、社會心理與倫理價值等深層因素。王小波認爲，要允許文學作品對性進行探討，需要的是改善我們的知識環境。一個正當的理由是：事實上“性”在中國人生活

---

13 王鋒，〈我希望善良，更希望聰明〉，《浪漫騎士》，（北京：中國青年出版社，1997），頁214。

裏也是很重要的事，既然它是重要的存在，文學就有權利討
論。嚴肅的文學也應該象社會學和人類學一樣去研究它、表
現它，這是爲了科學和藝術的緣故。在《黃金時代》及其它
小說中，王小波用汪洋恣肆的手法描寫男歡女愛，言說情愛
的驚人美麗和勢不可擋的力量，達到了超拔卓絕的價值境
界。同時有一點也是清楚的，性描寫在他的作品中不是作爲
"寫實"的必要而存在的，具體到《黃金時代》，王小波後
來在一篇文章中曾經說明：

> 這本書裏有很多地方寫到性。這種寫法不但容易招致非
> 議，本身就有媚俗的嫌疑。我也不知爲什麼，就這樣寫
> 了出來。現在回憶起來，這樣寫既不是爲了找些非議，
> 也不是想要媚俗，而是對過去時代的回顧。眾所周知，
> 六七十年代，中國處於非性的年代，在非性的年代裏，
> 性才會成爲生活的主題。古人說：食色性也。想愛和想
> 吃都是人性的一部分；如果得不到，就成爲人性的障
> 礙……然而在我的小說裏，這些障礙本身又不是主題。
> 真正的主題，還是對人的生存狀態的反思。"[14]

在《黃金時代》第一輯中，性愛的場景噴薄、燦爛、顛
狂，不僅在王二與陳清揚那裏，而且在環繞著陳清揚的荒誕
情景中，在無數的交待材料與"出鬥爭差"的情景之中，
"性"成了那幅昏暗、曚昧、無趣的背景上最爲亮麗的狂歡。
然而，在筆者看來，更耐人尋味的是王小波筆下的性愛場景，
是作爲一種突出的物件與奇異的載體而存在的。同時，王小

---

14 王小波，〈從《黃金時代》談小說藝術〉，艾曉明、李銀河，《浪漫騎
　　士 —— 記憶王小波》，（廣州：花城出版社，1997），頁51。

波把這種和性相聯繫的想像變成了一種遊戲 —— 蓄意冒犯禁忌和自由聯想的遊戲，因此在這裏，性愛竟成了王小波小說反諷和幽默感的巨大源泉。

　　鑒於上述原因，在王小波的作品中，性愛場景並沒有淪爲通俗小說所竭力表現的床第之歡，而是與一股清新的詩情相伴隨，因此雖時時可見性描寫，卻從不流於粗俗和感官刺激。例如，閱讀前幾年爲人們津津樂道的著名小說《廢都》、《白鹿原》或《豐乳肥臀》，讀者可能會被那些隱喻式的、富於暗示性的語詞引導，誘發色欲的幻想，可是王小波的性愛描寫卻是那樣天公地道地坦然、乾淨。"王小波書寫性愛場景的文學，一如他的全部文字，直接、從容、流暢且傳神；他完全放棄了傳統文學書寫性時，那些隱喻式的、富於暗示性的語詞與成規式的或擬古式的敍述，而代之以自然平常、渾然天成的現代語詞。"[15]因此，人們從王小波作品中所獲得,只會是流轉的氣韻、語言的快感和純潔無邪的詩情。

3、關於"黑色幽默"

　　眾所周知，王小波最擅長以喜劇精神和幽默口吻敍述人類生存狀況中的荒謬故事。他坦言："我覺得黑色幽默是我的氣質，是天生的。"[16]可以認爲："幽默"和"有趣"堪稱是王小波小說素質的一對孿生兄弟。

---

15 艾曉明，〈世紀之交的文學心靈〉，《浪漫騎士》代序，（廣州：花城出版社，1997），頁3。
16 王小波，〈從《黃金時代》談小說藝術〉，艾曉明、李銀河，《浪漫騎士 —— 記憶王小波》，（廣州：花城出版社，1997），頁52。

　　在王小波看來，小說是一種幽默的表達，幽默可以張揚語言和思想的趣味。他的文學就是要超越平淡乏味的現實生活，打破人們習見的善惡分類，從而與他追求趣味的文學觀相統一。"我總覺得文學的使命就是制止整個社會變得無趣。"這是他對草根文學的承諾，也是他畢生的藝術實踐。

　　關於"幽默"問題，這個傳統可以追溯到賽凡提斯，以後又出現了一批認同幽默諷刺傳統的作家，如馬克·吐溫、蕭伯納和加西亞·馬爾克斯等。這個流脈一反古典小說悲情的控訴，而是代之以機智的微笑。以後幽默還構成了現代小說特有的精神狀態，它把存在的可笑性揭示出來，作者創造出任由他穿插、反諷、調侃和遊戲性分析的情境來。用昆德拉的話說：我們在這裏的講述不是認真的，幽默訴諸於讀者會心的一笑，而不是要求回答誰對誰錯；幽默無法用道德來衡量，從來就無所謂道德的幽默或不道德的幽默，想從幽默場面裏得出道德寓意嗎？昆德拉認為："每一個答案都是給傻瓜的陷阱。"

　　具體到王小波的小說而言，他的幽默首先來自於荒誕的生存環境。他聲稱："在社會倫理的領域裏我還想反對無趣，也就是說，要反對莊嚴肅穆的假正經。據我的考察，在一個寬鬆的社會裏，人們可以收穫到優雅，收穫到精雕細琢的浪漫；在一個呆板的社會裏，人們可以收穫到幽默－－起碼是黑色的幽默。"[17]與此相呼應，是他的小說充滿了喜劇感，他所拼貼出的事物，以其不合常規、顛倒秩序的特色，營造

---

17 王小波，《我的精神家園》自序，（北京：文化藝術出版社，1997），頁4。

出了妙趣橫生的喜劇性。例如《白銀時代》，作者採用虛擬時空的手法，寫出知識份子作爲個體的人在跨世紀過程中，被拋入日益滑稽的境地。小說用兩套敍述：在一套敍述中，他描寫蹲派出所、挨鞭刑的畫家、小說家，以及他們不同尋常的愛情；另一套敍述，則描寫他自己作爲未來的史學家，因爲固執地相信處世要遵循治史原則而犯下種種"錯誤"，最後他回到原來的生活、身份，成了沒有任何欲望的"正常人"。敍述的結構本身就具有顛覆性，加之極盡鄙俗的比喻、野性的調侃、恣肆的誇張和自嘲，呈現出一片笑料無窮的新天地。

現在我們可以下結論說：王小波及其作品，是當代文學值得玩味的新風景。他疏離經典的人文精神，"是個完全徹底的異教徒"（李銀河語）；他的具有異質性的創造，又從"草根"的方位給中國文學增添了新內容。或許任何文學或文化從來就不應該是一道滯水，在它的流域中應該有無數活的源泉，使之命脈不斷，浩浩長流。王小波的"突圍"與"拯救"，恰恰提供了這樣一個鮮活的源泉。

落葉紛飛 "故土" 夢

—— 評亢彩屏的鄉土小說《落葉滿長安》

> 無生老母當陽坐，
> 駕定一隻大法船，
> 單渡失鄉兒和女，
> 赴命歸根早還源。
>
> —— 紅陽教《傳經卷》

雖然 "流寓江南" 多年，亢彩屏的夢卻留在廣袤的豫中大平原和峻偉的終南山。

這是一個有趣的現象：在許多人心中，生活的居地，未必是他（她）們精神的家園。對於遠離故里的人來說，一種難以割捨的情結，往往豐富著回歸的念盼，於是歷歷往事浮上心頭，述之筆頭便成詩。亢彩屏也有類似的體認，在《落葉滿長安》後記中，她滿懷深情地寫道："在我萍蹤浪跡的半個世紀中，南方，算是我住的最長的了。然而，魂牽夢繞的卻是生我、養我的中原大地和八百里秦川。" 在病床上，亢彩屏再一次抒寫對自己兩個故鄉的緬念，雖然夢中的故鄉早已落葉滿地，但她說："沒有故鄉的人身後一無所有。"

無疑，亢彩屏是個奇蹟。在論者看來，不僅是她的生活經歷和寫作勇氣讓人驚奇，就其選擇的審美物件而言，也令人耳目一新。在作品中，她不僅抒寫對鬱鬱的翠華山、青青的灞上柳的兒女之情，更把故鄉定格在一段特定的歷史時期：此時，長安已淪落爲“難民區”，古老巍峨的城樓、蒼茫浩瀚的渭水在大時代陰雲的籠罩下，也已改了顏色。在這一灰色背景上，亢彩屏試圖“抒發著對兩個故鄉的愛心，對善良、正直鄉親們的讚美，對舊中國醜惡的譴責，和對人類良知的膜拜。”顯然，在作者的心路歷程中，這是一段難以割捨的記憶，於是便構成了“夏夜蟬聲停歇，蛙鳴四起，在微風吊扇吹拂中，我緩緩道來”的契機。這一獨特的題材領域和心靈體驗，使讀者重溫了一段關於“苦難”、和“家園”的情感洗禮，也爲我們的解讀提供了空間。

　　在我看來，《落葉滿長安》在諸多方面是深有寓意的。如果說作品所描寫的難民四區可以被看作是一個相對獨立的“王國”，那麼小說本身也完全可以被指認爲是一個相對獨立、完整的藝術王國。在這裏，論者試圖對作品予以解構，分析這一“形象王國”的關鍵性要素，並結合作家的生存狀態和原生環境，對作品的各種寓意和內在聯繫予以揭示。

一、難民圖

　　讓我們掀開這一幅“難民畫卷”：

　　在全中國，恐怕找不到一個像四區這麼特殊的“居留地”。四區居民多是拾荒、賣破爛的。其次是擺小攤、賣零頭布、賣小吃、賣野藥、野味的小販。再次則是唱落子戲、河南梆子、洛陽墜子、京韻大鼓的落難藝人以及算命看相的江湖人。做工的，只有給國民黨軍隊縫製

軍裝的計件臨時工。一色的大閨女、小媳婦，最大不能
超過四十歲的女人們。

這是一幅完整的難民風俗畫，如果將這些人物集合起
來，那將是一個完整的 "難民營"。三教九流，五行八作，
三姑六婆，對於亢彩萍所選擇的物件世界，她的藝術幾乎是
包羅萬象的。由此，一些論者便很自然地把《落葉滿長安》
與李准的《黃河東流去》對照解讀：李准在《黃河東流去》
這部史詩性作品中，以農民爲主體，營造出絢爛多彩的黃泛
區流民的長卷。亢彩萍則換了一個視角，她以 "市民" 爲主，
寫了抗戰後西安市難民區裏華北、中原、東北地區的難民群。
"兩者可以相互照映，從中窺見我們多難的祖國那個時代那
些人群的生活，讓我們知道我們曾經度過怎樣的時代。"

簡單地將兩者作類比是容易的，也是表層的。我們需要
解析的是，在這一獨特的世情風俗畫中，作家作了哪些努力。
閱讀這部小說的人，無疑會對作家所描寫的難民四區留下很
深印象。她寫得十分生動，小說中的場景，各階層的生活，
多姿多彩的地域文化和民俗風情都真實生動。如果不是親身
經歷，斷然無法描繪得這樣細微真實。更值得肯定的是，小
說提供了一個 "完整" 的市民群體 —— "難民"（這是在現
今的文學作品中所不多見的）。這種 "完整性" 依賴於形象
的多樣性、形象所包含生活內涵的豐富性，而且也依賴於賦
予這些形象以獨特生命的作者的藝術風格，依賴於這種風格
的統一性。

作者的同學、著名作家蘇叔陽在《落葉滿長安》的序中，
從另一個角度論述了難民圖的作用，認爲它 "給活躍在小說

中的人物提供了一個無價的背景，讓他們的言行、個性有了客觀的依據”，這無疑是十分深刻的。顯然，作品所塑造的難民形象系列，都與他們的生存狀態和社會地位密不可分。人物與環境水乳交融，互為依託，構成了完整的難民世相景觀。小說還給讀者提供了這麼一個認識視角，即：人的所有欲望都脫不開他具體的生存環境，汴太太是這樣，醜女、袁氏三姐妹也是這樣。在《落葉滿長安》這部作品中，這種具有普遍意義又具有鮮明地方性的文化特點，成為浸透在人物風度、氣質中不可剝取的東西，成為如血肉一樣的人物肌體的一部分。反觀之，如果沒有對難民區的環境作真實、細膩、生動的描寫，那麼筆下的人物乃至作者的寓意就必然顯得浮泛、蒼白，失缺誘人的魅力。

在這裏，對難民四區的市民階層的狀況作一點說明，是有必要的。作品這樣描述這個地區的複雜性：“看起來雜亂無章的四區，內裏卻是井然有序。從居民的省籍分，河南人居首，他們所從事的行業也最苦、最雜，頭面人物不多。河北人次之，其中有些知識份子，文化層次稍高。山西籍的人數少，都是做買賣的，有錢的居多。東北老鄉兩極分化，富的開工廠、吃瓦片（經營房地產），窮的唱落子，甚至淪為娼妓。”地域文化的差異，在四區這個貧民窟融通、混雜，與當地固有的市民風氣交相輝映，重新鑄造出新的文化類型——我們姑且稱之為“難民文化”。認識這一點是重要的，它很大程度上決定著作品人物的角色心理和交往方式，甚至在無形中還滲透於他們的觀念、行為、習俗、信仰、思維方式、情感狀態之中，自覺或不自覺地成爲他們處理各種事物、關係和生活的指導原則和基本方針。

遠爲複雜的是，"在四區，不管你幹什麼，都被幾個黑社會集團控制著：如打著青幫字型大小的劉金亭便成一霸，他是明的；暗裏一貫道是四區各色人等的精神統治者。這兩家又都和憲兵隊、偵緝隊有關係。幫、道、會下邊自然有一大批打手、爪牙。"這是來自另一階層的群體，同樣也是四區的一部分。作爲具有支配權力的一方，他們帶有濃厚的宗法封建色彩，不僅靠種種卑劣手段榨取、欺壓難民，而且還操縱、支配著四區小人物的命運。作品人物，尤其是醜女的苦難，無不是這一群體直接造成。

總之，小說的敍述就是在這樣一幅灰色背景上展開的，它實際上也是當時整個中國社會的一個縮影。其中對於難民的生存境遇的描寫，不僅爲故事人物活動提供了空間，同時也是一份彌足珍貴的民國歷史材料。亢彩屏用文學文本的形式，爲社會學家提供研究材料和審視視角，這是另一層意義上的貢獻。

二、"說人生"

亢彩屏在《落葉滿長安》這部小說中，爲讀者編織了一個動人故事。有人稱之爲"古典模式"的敍述手法，我卻以爲在說故事中，作者翻出了新意。

一個顯見的事實是：作者落筆的重心不在於敍述一個完整的故事，而在於抒寫人生。用作者的話說，是寫一段難民的"苦難歷程"。因此我們有理由相信，作者是採用了"說人生"的敘述方法,故事只不過是藉以鋪展的載體。"說人生"的手法,是我國民間說唱藝術的一大創造,後來也常為文人創作所沿用,發展至今天,這種手法已演變為一種較為穩定的、"故事—人生"交相輝映的寫作技巧。

論者以為,運用哪一種文學手法從事自己的創作,其本身是無所謂優劣的,關鍵是作者應該根據具體的材料量體裁衣,並相應地作出整合,賦予新內涵。在作者的意識中,她所面對的是一個女人的異常曲折的命運,必然會想起採用"說人生"的表達方式。對作者而言,那是一種選擇,或許也是一種最好的選擇。

《落葉滿長安》提供了一個有聲有色的故事,"我儲存在灰色細胞裏的藏事,藏人,藏書,藏畫,一件件,一個個,一本本,一幅幅跳出來,展示出來,不是簡單地再現,而是集聲,光,色,影,還有味道於一幀,昇華為太空中、雲頭上的眾仙人,冉冉升騰在星河之中。"那麼,作者要講述怎樣一個動人魂魄的故事呢?

這是一個關於女人的故事,它簡單而又複雜。簡單的是,它主要講述了一位非常美麗卻名為"醜女"的婚變;複雜的是,這位女性的人生經歷恐怕是任何一位平常女性所難以遭遇的。這種單純而又撲朔迷離的情節,很容易構成故事的張力,事實上,我們所講的"說人生",具體而言就是說醜女的人生。

故事的開頭,小說便把讀者帶進了一個特定的時空 —— 國統區下的西安。小說娓娓道來:醜女最初的意中人是周成,一個軟骨頭,為了蠅頭小利和脆弱的生存地位無情的拋棄了她；第二個男人是金團副，實際上卻是個馬夫頭，因販賣馬匹而丟官逃亡，不知去向。後來又給一位姨太太的小舅子做小，被小舅子的夫人打得遍體鱗傷，痛苦不堪，她的戲劇性婚姻就這樣開了頭。以後，她又嫁給了一位非常吝嗇的裁縫，一時過起了正常人的生活，然而，一個異常美麗的女性守著一個醜陋的男子，過著清苦的日子，註定只能是“過渡”。果然，她遇上了從事神仙鬼道卻風流倜儻的小吳先生，被掠走了芳心，小吳先生還爲醜女起了一個風雅的名字—“梅霜”，可是最後倆人的恩愛，卻在小吳先生“仙緣盡了”、“仙緣盡了”的咕噥聲中結束了。

醜女的“走馬燈”式的婚姻，到此仍不是休止符。後來，她又嫁給了叫龍青雲的軍官,他同樣爲醜女改名 ── “杏雪”，但結果只是在這片白雪上糟蹋了一回。接著，她又做了一次回族軍事要人的小姨太，因時局原因逃離虎口。最後，醜女終於嫁給了深愛她的汽車司機，那位善良人卻在“文革”中因爲醜女說不清道不明的經歷，被造反派投入水庫淹死了……

這便是醜女光怪陸離的一生。她是難民，是貧民，是工人，是姨太太，是小業主娘子，是軍官老婆 ，是妓女，是一人之妻，但她又什麼都不是。她從沒有主宰過自己的命運，一直被世俗慣制和外來力量控制著、捆綁著。醜女與生俱來的美麗容顏，使她不能自己地一次又一次地淪落爲“別人手中的一件東西”。她純潔的身體無數次地被盡情揮灑、榨取、掠奪，使她只能在動盪的歲月中，用“玩物”的身份換來吃喝，以維持原始的生命力。

醜女的命運線索即她的一次又一次的婚變，不僅僅在她個人的身心上烙下了不可癒合的傷痕，而且深深地感染了我們。作者以一種出奇從容、冷靜的筆觸，用醜女破碎心靈上的道道傷痕撞擊每一位讀者的心靈。這樣一位善良、美麗的女性，當她一再被現實的殘酷、命運的不公拋在巔峰浪谷時，這種撞擊之言在我們的心靈中來回激蕩，久久不願散去。

"說人生"是一種藝術表現手法，它要求作者以相對冷靜和超然的態度面對人生、敘述故事。因此在寫作時，具備冷靜、從容的心態是必要的，它有助於敘述或編織故事，從而去刻畫、安排作品人物的多姿多彩的人生。這是就敘述的客觀性而言。另一方面，作為一個女性作家，亢彩屏不可能完全消解其主觀性，在人物的言行舉止和坎坷人生中，她多有情感投入和意蘊寄寓。我以為，亢彩屏在抒寫醜女的一生時，持有愛憐心態是很明顯的：她總是小心翼翼地呵護著筆下的主人公 —— 醜女，情不自禁地對她至善至美的天性進行真情的讚美，並對她的遭遇多有不忍，滿懷同情。例如，在醜女錯嫁周成、金團副、郝三、王前貴、小吳先生後，終於明白自己的真情所在時，作者幾乎與醜女一起在懇求說："能讓這個人愛一回，死也甘心。大娘，我再試著愛一次，就這一次，再要吃虧，尋個死算了。"這樣的懇求、這樣的真情流露，恐怕是任何人所無法拒絕的，這恐怕也是作者的情感張力達到極至，無法抑制的呼喚。儘管這場戀愛並沒有美好的結果，但從中卻可以窺見亢彩屏在安排主人公的命運時，"說人生"常常伴隨著"歎人生"乃至"哭人生"。這種主客觀的互融或滲透，有時會強化作品的感染力，當然，有時也會損害敍述的客觀性，削弱命運的強大力量。

　　或許是作者已意識到這種情感和主觀性的存在，同時也避免世人“對號入座”而引起麻煩，亢彩屏在《落葉滿長安》的後記中鄭重申明：“本書作者以第一人稱出面，很像是回憶錄。其實，本書除時間、地點是真實的外，故事情節大半虛構。儘管人物有原型、事情也有影子。”但讀過的人都會猜想：倘不是親生經歷，是無法描繪這樣細微真實的,小說在虛擬中是有現實的投影的。作品言“永遠不要絕望”、“只有奮鬥才有出路”，是作者所親歷的生活中和醜女坎坷的命運裏，挖掘出來的具有告誡意味的人生命題。

　　在故事結束前，作者給醜女的一生畫了一張像：

　　　風月場中多雪霜，
　　　麗質惹來蜂蝶狂，
　　　名木佳卉盡摧殘，
　　　留得一縷野花香。

　　故事說完了，餘音卻仍在繚繞。作者以一股大家子氣，穩住神兒，娓娓道完了一位女性坎坷淒惋的一生。亢彩屏以她筆下的人物述說了一種理想：願人們和民族都生活得好一些，更溫馨、更真誠、更美好。

三、長安情

　　在作者所使用的諸多語彙中，“長安”一詞是有特定寓意的。它儘管也是一個地理概念，但不是一般意義上的“西安"或"西京"。我們可以稱之為意象,一個滿載情感內涵的藝術形象。

　　正如作者所言:"我的筆觸下流出了這本《落葉滿長安》。它表達了我對中原熱土的想念。它表達了我對秦川大地的感激。"因此,"長安情"在這裏找到了注腳,也找到了作者抒情的歸依。

　　我以為,《落葉滿長安》這部小說,實際上是有兩條線索構成的"複合"作品,一條是以醜女為中心的命運線索,可以稱之為"明線";另一條是以"我"為中心的述說線索,可以稱之為"暗線"。所不同的是,前者主要以客觀敍述為主,後者還分擔了抒情和評說的任務。這種寫作手法,同樣得益於民間說唱藝術,成功的藝術借鑒和移植總是在內裏存在有機聯繫的。

　　以"我"為中心的暗線,有效地補充了主線,同時也使我們聽到了弦外之音。這是一種對故土的緬念和對往事的追思交織在一起的"背景音樂":

　　　　豫中的父老鄉親啊,當《黃河東流去》中,流落陝西的老老少少,拄杖步行往東奔向故鄉明月時,仍然滯留在古城的"東邊人"是怎樣活過來的呢?因"水、旱、蝗、湯"而遠離家園,一直未能回歸故里的難民們的子孫後代,也就是現在的二三十歲、十幾歲的青、少年們,你們知道當年的苦難歷程嗎?

　　在苦難中體驗故鄉情,有其特定的精神指向,在此有必要回顧一段歷史歲月。有研究者指出,"追尋歸宿"是作家的精神世界中,一個非常突出的現象,它大大豐富了文學的主題，展現了極爲廣闊的藝術空間。在這種追尋中，作家首先想到的就是 "土地"、"故鄉"。因此我們總能看到，在三、四十年代的 "流亡者文學" 中，在經歷了許多苦難之後，"流亡者" 執著眺望的總是 "故鄉" —— 它是心靈最後的歸宿，也是人們製造的一種新的宗教與信仰。在這種關於人本哲學的沉思裏，"故鄉" 顯然被賦予了一種崇高、神聖的意義。這是一種自然的聯想，在中國與外國的神話傳說，也即人的原始記憶裏，"故鄉" 就是與國家、民族、歷史這些 "永恆" 的載體聯結在一起，並因此給人以 "歸宿" 感的。在面臨 "國土淪喪" 威脅的抗戰時期，"故鄉" 對於人們，既是 "現實" 的，同時又是 "象徵" 的。現代作家王西彥以 "眷戀土地的人" 稱呼他的小說主人公，並且寫到這位莊稼漢在經歷了一段離鄉背井的流浪生涯，終於又不顧危險地回到自己家鄉時，所做的第一件事，就是 "伏倒身子，在地上爬著，用手摸弄著每一塊焦黑的泥土"，喃喃地祈禱。他的 "憑弔" 既是 "對那死去的爹的，也是對腳下這受難的土地的"。作家的這些極富象徵性的描寫，使他筆下的人物和行動都具有某種 "宗教" 意味。可以說，作家是用宗教徒的情感去描寫 "土地"、"故鄉" 的。因此，在作家的眼中，"故鄉"、"土地" 不僅具有了獨立的意義，而且被賦予了某種神聖性。

　　"故鄉"、"土地" 與人們的天然聯繫，使得作者以宗教般聖潔的情感抒寫它們，也同樣以崇敬的眼光投向與它們融爲一體的父老鄉親。亢彩屏指認道；"在民族仇、階級恨的大災難年代，隨同千百萬中原父老逃到秦地。年紀小，記憶朦朧，卻是銘心刻骨，終身難忘。幼弱的心靈埋藏下苦難、怨憤，也生長了志氣、強毅，和對不幸者的出自肺腑的同情，以及希冀人人幸福的善心。黃帝的嫡派子孫 —— 秦川人以博大的胸懷收留了、養育了上千萬的‘東邊人’。豫人的純樸、執著、忠厚、善良，陝人的豪放、剛烈、實在、誠懇，還有兩者都有的土勁，共同塑造著我這個祖籍冀州府的後代。"作者的這段表白，真切地洞指了"故鄉"這個難捨的情結在整個寫作中的份量。

　　無疑，對故鄉的追思和緬念構成了寫作的機緣，同時也獲得了超越地理範疇的精神價值。這一顯著特徵，主要體現在兩個方面：

　　首先，作品的象徵性。據說，民間流行的紅陽教傳言，無生老母是人類的始祖，她日日召喚失鄉迷路、流落在外的子女回到她的身邊，有人認為這種"歸根返鄉還源"的呼喚，是人類"母神崇拜"的遺留，是植根于人的本性的。如果認同這一點的話，那麼這種潛意識的尋找，不僅只是心靈的指歸，也是文學的選擇：我們完全有理由相信，當作者迷失了歸家的路途，故土的念盼必然更加強烈，以往所經歷的一切就可能情化（化成夢和詩），而留在文學作品中的"故鄉"，也就獲得了象徵性。"難民四區"在理性的眼光中，恐怕並不是一個美妙的地方，五十年前的長安也有諸多不如意處，但是，當歲月不再，時光荏苒，這兒卻成了最美好的懷念。作者一再含情脈脈地寫道："一輩子快完了，腦海裏仍印著那幅童話一樣的畫卷。" "我這一生，如果說回憶起來，有面露微笑的事，就只有去灞橋洗衣裳和去終南山撿野果子了，""我那時的歡樂一直深深刻在灰色細胞裏，以致終身保存著魅力，一想起來就由不得微笑。如果再有幸到翠華山野生獼猴桃林子，我會不會搖散一頭斑白的短髮，張著缺齒的嘴盡情長嘯呢？我想會的。可是，我永遠去不了啦！"讀到這裏，我們不能不爲作者的思鄉情所震撼，並由此產生強烈的共鳴。

其次，作品的抒情性。《落葉滿長安》從某個角度而言，可以稱之爲"難民文學"。但耐人尋味的是，作品中對難民的描寫卻很少感傷主義的色彩，相反充滿著浪漫主義的詩意與溫情。這種心理動因，仍然出於"尋找歸宿"、懷念似水流年的本能。作者通過想像或幻想將作爲"歸宿"的國家、民族、故鄉、土地、家庭、人民、傳統等等詩化，並賦予童話般的"神聖靈光"，這就必然導致對"磨難"的"美化"，也同時彌漫出一種抒情特質。亢彩屏在小說中不經意地寫道："幾十年來，我遇到過種種災難，每逢沮喪消沉時，那畫面便在眼前鋪展開來。我會突地一震，記起我曾是四區的孩子，難民的後代，破爛市上的主人。四區的人什麼苦都吃過，什麼非人的遭遇都見過。四區的孩子命最硬，脊樑骨最直，喉嚨最響，心最善良。"這種多少帶有非理性色彩的態度，使作者往往沉浸在聖潔的情緒之中，由此我們可以看到，亢彩屏在刻畫人物、安排情節、背景敍述，抑或在細節描寫、心理獨白或語言運用上，都夾裹著濃烈的情感色彩。例如有這樣一段描寫："這時月亮從雲縫裏鑽出來，一條街突然亮了，小孩們歡呼：'月奶奶出來了。'一時京胡，鼓板，洞簫，全響起來，唱京戲的，唱墜子的，扯了嗓子喊河北梆子的，數數落落唱評戲的，尖了喉嚨唱柳琴戲的，此起彼落。娘笑了，說：'咱這兒真熱鬧。'劉大爺說，聽，還有唱詩的。果然，一個沙啞的聲音一字一板地念：天上明月光，不是地上霜。舉首罵明月，低頭喝菜湯。"在這樣的描寫中，讀者領略到的是滿紙的抒情意味和純真的長安情。

四、問題及其它

亢彩屏是對文學有獨特思考的作家，同時也有對自己所從事的創作的反思和體認，與　此相關的闡釋有：

1、個人的別無選擇："寫作只是一種我尚且活著的象徵，也是我賴以生存的支柱。""我沒有想到因此當了作家。"

2、作家首先是思想家："一位真正的作家首先是個思想家，沒有思想的作品是經不起現實和歷史考驗的。""我的創作是一個受盡磨難的人向社會宣示的深沉思考。"

3、技巧是第二位的："技巧是需要的，但應與心靈相結合。"在寫作時，"壓根兒不曾想到過用什麼技巧，標榜什麼現代、後現代、超現代等文藝風格。"

4、作家是一種社會存在："作家是屬於社會的，脫離不了社會政治。""文學界有人提倡純文學，想當個純文學作家，我以爲很難。"

在這裏，我想結合作者的"自白"，談一談《落葉滿長安》存在的幾個問題。

首先，讀過這部作品的人都會有一種感覺，由於作者在行文中過多地交代了故事情節發展，和與人物刻畫無關緊要的歷史、地理、人文等背景，這些都在一定程度上沖淡了幾個主要人物的塑造，因此一些主要人物的面目不夠清晰，心理世界開掘不夠。這些缺失，或許是因為作者過份強調了人物與社會的依存關係，從而在筆墨分配上有失比例。例如醜女這個人物，走馬燈似的更換"丈夫"，固然可以達到控訴黑暗社會的目的，增強作品的傳奇性，但由此帶來的另一個缺憾是，人物的心理狀態無法把握，個性比較單一。

其次，關於作品的思想深度問題。儘管作者強調"沒有思想的作品是經不住現實和歷史考驗的"，客觀上也十分重視認識深度，但論者以為《落葉滿長安》所能寄寓的內涵應該更深、更多。在作品中，作者以"娘"的語言教誨道："世界上窮人苦，窮人家的女人最苦。窮人家的女兒要有鋼筋鐵骨的身體，堅忍不拔的意志和毅力，拼死不屈的硬骨頭，才能有一碗乾淨飯吃。要記住三句話：富貴不能淫，貧賤不能移，威武不能屈。"這樣的"說教"是從生活中抽發出來的常理，缺乏足夠的新意。於是，正如一位研究者所說："苦難終於沒有引出更深刻的覺悟"，作家面對已往的苦難歲月"在哲學面前停住了"。

另外，小說的節奏處理。小說是一種虛擬性藝術，作家的靈氣就表現為能合理地調配各種創作要素，做到虛實相生，張弛有度，形成相對完美的節奏。作家蘇叔陽評論得好："行雲流水固然可喜，但也應當有行雲暫駐，流水且停，讓人細看深味之時。所謂起伏跌宕，除了行進中的快慢、張弛，也含有若干的停頓。而停頓或許是在大行進中更深層地窺見人物心底的時刻，是作者不可不注意到的。"

影視詮釋的 "女" 字

—— 影視傳播中女性觀念的嬗變

　　女性主義是文化語境的產物。這一重要的理論資源，沿襲的是 1980 年代後期開始介紹、1990 年代得到進一步傳播的西方當代女性主義理論。1990 年代大陸學界對這一理論的接受側重兩點：一是性別差異理論，它解構了啓蒙主義意義上的 "中性" 的 "人" 的概念，認爲女性在社會與身體經驗、文化構成和主體想像上都不同於男性，當人們以超越性的 "人" 來談論問題時，實際上他們是潛在地以男性爲標準來構造 "人" 的想像，從而在社會、文化等各個層面上對女性的差異性和獨特性進行壓抑。二是性別身份的文化構成論，它始於西蒙·波伏瓦所說的 "一個人之爲女人，與其說是天生的，不如說是形成的，" 並進而以 "sex"（生理性別）和 "gender"（社會性別）來闡釋女性性別身份的文化構成，以打破長期以來的性別本質主義觀點。[1]類似的觀點成爲 1990 年代闡釋和評價女性意識的重要理論，同時也成爲批評界的基本立場。

　　影視作爲大衆文化的一枝，當它以有聲有色的畫面展示社會生活、創造詩意氛圍、塑造人物性格的同時，還以充滿

---

1 李複威，《九十年代女性文學面面觀》，《文藝報》，1998 年 6 月 18 日。

藝術感染力的個性話語傳遞著某個時代的觀念。女性觀念屬於意識形態，它不只具有性別意味，而且還具有非常豐富的社會文化內涵。在影視文化傳播領域，值得我們關注的，是透過一個世紀以來多姿多彩的影視畫面，藉以辨識女性觀念的嬗變過程，並分析由於時代觀念的變異和人們對影視藝術的廣泛探索，可能對女性觀念傳播帶來的深刻影響。

電影藝術傳入中國已有近百年了。正如早期電影是無聲片，1920 年代的電影在女性觀念傳播方面也處於“失語”階段——女性形象只是作為電影創作的“道具”，不僅人物性格非常模糊，而且也缺乏足夠的時代內涵，根本談不上自覺的女性自我意識。如我國早期故事片《海誓》，突出表現了歐化小資產階級的藝術趣味，以新式戀愛、一派洋味的佈景仿效西方式的形式主義。其中女主人公名叫福珠，是一位美貌摩登的少女，她與窮畫師周選青相愛，私訂終身；後又為表兄所誘惑，並與其在教堂舉行婚禮，在互換戒指時她忽然念及前誓，毅然投奔畫師。畫師怒而拒絕，於是福珠投海自盡。幸而畫師趕到，最後倆人終成佳偶。在這類影片中，編導關心的是敘述故事和光怪陸離的視覺效果，很少有觀眾鑒賞中的意義領悟與心靈共鳴。確實，在電影藝術的初創階段，編導需要摸索的是藝術形式和製作技術本身，還無暇顧及鏡頭以外的更廣闊的社會空間。

不過，中國電影很快就走出了這一尷尬，20 世紀 30 年代以後的影片不僅能夠比較自由地運用電影語言，更為重要的是電影人已經開始反映對社會和人生的多面思考。

今天看來，1930 年代以後的電影文化由於時代的局限性，由此反映出來的女性觀仍呈現出混雜、多元，而又無所適從的意向。一個顯著的特色是，20 世紀 30~40 年代影片塑造的女性形象，如傳統的賢妻良母型、舶來的新潮女性、沉淪的交際花，或介於傳統與現代之間的知識女性，雖然形象各異，類型繁多，但在編導的創作意念中這些女性都缺乏構成“典型”的啓示價值，無從肯定，而只是作為女性形象的一類而已。即使是一些“叛逆”女性，她們或走出封建家庭，或追求新的生活，儘管已表現出某種獨立性或主體性，一定程度上反映出 20 世紀 30~40 年代人們對女性問題的思考和進步追求，但由於整個社會仍然存在“娜拉出走以後怎麼辦？”的普遍疑慮和矛盾性，所以她們的叛逆雖具有悲壯意義，但很難說已真正確立女性意識。在當時的社會環境下，一個女性要在這個世界上獲得自己的位置是不現實的，她們的自我覺醒和自我探索還非常朦朧，因此直至四十年代後期的影片中，仍然不能塑造出一個真正自覺的女性，而影片給予社會最強烈的震撼倒在於女性在男權社會中的悲愴感，以及無從擺脫的強烈的命運感。較為突出的例子是拍攝於 1947 年的《一江春水向東流》，影片雖然刻劃了三個不同類型的女性，但她們在同一個男人（張忠良）宿命般的主宰面前，都喪失了應有的自我意識。也許影片的主題不在這裏，但從中折射出來的深層文化意涵，卻不能不使人聯想起女性在當時的社會情景中普遍存在的無依、脆弱的處境。

　　1949 年以後，中國婦女和男人一樣唱著《東方紅》，當家作主站起來了。與此同時，中國女性自此以後，整個社會也偏面地把“男女平等”理解為女性“男性化”，抹殺了女性的生理性別和男女差異，以至形成“中性化”和“男性化”的社會情景，這是一個不爭的事實。當時最流行的口號是“不愛紅妝愛武裝”，可見人們在觀念上已把女性意識看做是需要剔除的“小資情調”，這無疑導致了女性在社會和身體經驗、文化構成和主體想像的嚴重缺失。1950年代以後的電影，女性形象更多的反映出來的是一個個“准男人”，女性意識泯滅了，代之以另一個更光榮的稱呼——“勞動者”。

時代塑造了新女性。在當時的社會環境中，女性的社會角色在特定的時代氛圍裏“畸形”生長。她們作為女人的一部分明顯孱弱，甚至穿著打扮也開始遮掩天然的性別身份。但問題是，女性的社會性別意識或“女權”，是不是由此就達到了理想之境？她們對於真正意義上的天賦人權有沒有掌握在手中？對於這種超越時代的詰問，無論是女性自身或電影的編導們都無法給出更深的思考。如著名影片《李雙雙》，女主人公李雙雙在“翻身解放”後，不滿於大男子主義者的丈夫對她的稱呼——“俺家裏的”或“俺家裏做飯的”，試圖在勞動中找到主人翁地位，引出了一幕幕生動的喜劇故事場景。經過一系列戲劇衝突後，夫妻雙方怨氣頓消，家庭扣結解開，影片以反諷的方式批評了男權優越的社會意識。以《李雙雙》為代表的20世紀50~60年代的影片，女性形象基本上都解構了女性身份和概念，女性美讓位于所謂心靈美，性別體驗讓位於社會責任感，似乎在此時的時代話語中，女性情態必然是與社會理想所抵牾的。又如影片《青春之歌》中的林道靜，從一個小資產階級知識份子脫胎換骨爲革命者，實際上也寄寓著這個潛在結構，在當時的編導者看來，只有 "女性"、"母性" 的特點在革命的熔爐中化爲灰燼，才能真正換來精神的煥然一新，從而譜寫獻身理想和事業的新篇章。

文革十年，女性觀念基本上被看作是毒蛇猛獸。正像女性的服裝和集體主義行動所標榜的那樣，至少在電影中，特定的時代已將女性的性別意識和個性觀念徹底消解了。她們不再有線條、浪漫和優雅氣質，換之以口號、鬥爭和 "鐵姑娘" 的集體稱呼。這時，愛情已成爲遙遠、塵封的記憶，"性" 已被逐出辭典，女性的社會角色和個體角色完全模糊了，紅、綠、灰色成了生活的主色調，總之這是一個集體性地幾乎喪失了女性概念的特殊時代。

沒有女性特質的女性，根本談不上女性意識。文革影片書寫的 "女" 字，實際上完全男性化了 —— 她們已消失了個人成長、歷史記憶和現實處境的獨特之處，她們已淪爲時代傳聲筒發出的口號，是社會性、政治性、道德性話語在女性形象身上的復活。因此我們看到，文革電影中的女性形象基本上是模式化、概念化的，割裂了與歷史文化的關係，也排棄了任何人性化的訴求。有意思的是，文革中許多電影是 20 世紀 50~60 年代電影的重拍，但在女性內涵方面卻做了更爲徹底的剪除。如果說文革前的電影還曾經有非常模糊的愛情描寫的話，那麼現在編導們已經乾淨地清除了觀衆對 "情" 字的任何聯想，於是那些女主人公都是那些或犧牲了丈夫（如阿慶嫂），或不知其婚否（如柯湘、江水英等），更不用說在鬥爭生活中可能發生愛情事件了。例如，在 1950 年代故事片《白毛女》中，喜兒和大春之間還是有戀情關係的，但文革改編、重拍成同名電影舞劇時，這種關係已完全被去掉了。愛情作為女性意識的重要載體已被封殺，女性身份逐漸泯滅，是文革影片和整個社會女性意識嚴重匱乏的主要特徵。

但是，女性觀念畢竟是一種獨特的經驗性存在，性別也是一種文化話語。當文革以一種極端的方式，將社會性、政治性和道德性話語形態覆蓋了"女"字幾千年形成的文化積澱，那麼終有一天歷史會將它顛覆，並恢復到"自然"的狀態。進入新時期以後，影視以撫摸"傷痕"為開端，在"改革"的歷史性浪潮中重新追討"人性"、"主體性"等啟蒙主義話語成為一股時代熱流。

新時期影視在"探索"的名義下，緊跟著時代節拍。為了匡正 20 世紀 50~70 年代電影文化的過"左"傾向，影視經歷了一次重新"發現"女性性別文化心理的變異。人們認識到：忽視男女差異，要求所有的女性都"男性化"或成為"准男人"的審美標準，實際上並不意味著真正意義上的"男女平等"，而仍然是從男性視角出發要求女性，因而同樣是男子中心主義的表現。在特定的語境下，影視中的女性形象挖掘了女性性別的文化身份，又恢復了溫柔、體貼、富於獻身精神的 "女性"或"母性"的特點。但是，對於 1980年代的女性意識，李復威先生曾冷靜地指出："1980 年代儘管在一定程度上對 20 世紀 50~70 年代文化忽視男女差異的現象有所糾正，但對性別的理解一方面被一種中性化的人道主義話語覆蓋，另一方面對女性的理解卻是在一種傳統的'男女有別'意義上的性別本質主義看法，將'女性的'等同於‘感性的’、‘富於浪漫精神的’、‘溫柔的’諸種限定。”[2]抑或說，1980 年代影視反映出來的女性意識，實際上止步于傳統女性的性別文化階段上，並沒有超越 1940 年代對於女性意識的認識高度。

1980 年代中期，隨著人們觀念的進一步拓新，以及西方“女權主義”理論資源的引入，融合了時代性的理想主義的女性意識得以進一步擴張。這裏特別有代表性的，是劉曉慶塑造的一系列女性角色所書寫的大寫的“女”字。作爲大眾傳媒時代第一位真正的“明星” —— 不管今天人們怎樣評價 —— 劉曉慶不僅用她的精湛演技塑造了個性鮮明的女性角色，更爲重要的是她以時代新女性偶像的形象，啓示了女性意識的社會能指性 —— 當然她也因此而招致了種種批評、敵視和歪曲性的接受。人們注意到，無論是劉曉慶扮演的“鳳在上，龍在下”的慈禧，還是 1930 年代一女侍二夫的春桃，或者是敢愛敢恨的金子，她都用強烈激情賦予了人物濃郁的女權色彩。可以說，劉曉慶是中國影視文化史上以身體語言和個性話語，從感性和理性兩個層面洞指和揭穿女性深廣的“自我”乃至“超我”之第一人；她以理想主義激情企圖摧毀數千年來女性遭受的社會和生理壓抑，衝決情感乃至情欲的文化堤岸，這雖然像堂吉訶德手持長矛刺向假想敵人那樣具有理想色彩，但確實給當時勃興的女性意識添加了“興奮劑”。無疑，這種“異質”成分是中國傳統女性意識所特別被抑制的部分，因而也特別具有啓示性價值。

---

2 李復威，《九十年代女性文學面面觀》，《文藝報》，1998 年 6 月 18 日。

　　隨著肇始於 1980 年代後期並延續至今的社會轉型，以及以張藝謀、陳凱歌爲代表的第五代電影人對影視文化的探索達到的深度，"女性意識"在整個社會的商業化進程中處於一種眾聲喧嘩的狀態，並被提供了多種表達和傳播管道。在這一轉型過程中，傳統女性文化開始斷裂，但同時也爲多種"實驗"和創造提供了可能。

　　1990 年代的女性意識是在現代性的語境中得到展開的。女性在現代社會中找回了性別和社會的"自我"，並獲得了個體性的解放。然而一旦女性意識作爲一種獨立的要求獲得表達形式，隨之而來的是構成了與傳統男性文化的緊張關係。作爲對這種新的社會現象的敏感回饋，1990 年代的影視從側面觸及了這個問題。我們認爲，有關女性影視的三大主題 —— 性、婚外戀、無依和飄忽感，與其說是越軌性的遊戲與時髦，不如說指認了現代女性覺醒後面臨心靈失重、失措後的行爲"寫真"。

　　1995 年以後，由於一批有實力的女作家加盟影視圈（如鐵凝、王安憶、範小青、池莉、方方等），影視文化中那些因性別差異而來的個體、社會、歷史、都市、民族的獨特性獲得了充分的表現。以池莉爲例，她似乎更加關注現代生活中的家庭與婚姻關係，因而她筆下最能引起人們共鳴的，是那些受社會轉型期影響最深的中年男女。正如她自己所言："男人和女人們都是在尋求一個答案：要在這個世界上博得自己的位置後，平起平坐……女性自我意識的覺醒是近年來隨著改革開放才漸漸萌發的，我的小說想提示的就是當下女性意識的自我覺醒與自我探索。女人原本不認識女人，認識自己最不容易。"根據池莉小說改變的影視作品多以較爲深省的性別意識形態內涵爲主要特徵，我們雖然看不到驚世駭俗的身體經驗的披露，但其敍述內容的選擇，對人物、情節及主題的不同以往的處理方式使我們分明感受到作者的性別反省和性別體驗在其中。池莉作品也經常寫愛情，但愛情本身又只是女性意識的載體，或則是對大眾影視文化的投合："我的作品僅僅是寫女性意識的萌動。男人只是一種啓動，一把鑰匙，靠男人的一次行爲，開啓了女性意識深處的一扇門。因爲女人的醒悟只會來自於心痛的時刻。"《口紅》的編劇張永琛也表示：電視與小說相去甚遠，但目的都在於通過家庭婚姻問題來解釋現代人的困惑與迷茫，希望電視劇能給觀眾對女性問題提供多一份理解、關懷和思考。[3]

　　1990 年代以來的影視文化所傳播的女性意識，仍處於不斷探索階段，或者說只是一種飄忽不定的觀念。但值得關注的是，受港臺影視和流行文化的影響，近年來影視中呈現出來的 "小女人" 風格，將女性限定在家庭和室內的 "絮絮叨叨"、感性而美麗、體貼而溫順中帶一些調皮的 "小女人" 情態等，雖然有較強的商業性，但是不是一種取悅大眾的媚俗呢？影視要面對市場的選擇，但是否就表示它們一定要與平庸和低俗同行呢？確實如一位批評者指出的那樣：與其說這些標明了 "性別" 的影視作品表達了獨立的 "女性意識"，不如說它們在相反的意義上印證了傳統男權文化的強大與 "深入人心"。

---

3 袁小可，〈池莉小說傳播現象論〉，《上海師範大學學報》第 2 期（2001年 4 月），頁 80。

　　2001 年《文藝報》曾載文討論影視中的女性形象，雖沒有達成一致意見，卻同樣令人關注。有些學者擔憂，當前影視作品中的女性形象是否"集體陷落"了，以致女性意識在不斷高呼女權的今天卻反而倒退、落後了，這真具有反諷意味。"無庸諱言，在許多作品中，尤其是古裝戲中，男尊女卑的觀念仍很流行，以大男子主義爲美，以欣賞的眼光描寫男人對女人的佔有與褻瀆。男人都是'爺'，走江湖，打江山，刀光劍影，威風八面，女人只不過是他們的戰利品，是他們'拳頭'天下的'枕頭'，是他們欲望的犧牲品。"[4]即使是比較優秀的電視劇《大宅門》，其反映出來的女性觀念仍然是陳舊的，甚至是腐朽的。人們有理由提出質問：電視劇給主人公白景琦貼上愛國主義"標籤"，就能遮掩他骨子裏腐朽的男權觀念？一夫馭四女，是不是表現出編導對逝去舊夢的欣賞和懷戀，激賞男人那種橫掃裙衩世界的威風？近幾年來，大寫的"女"字逐漸在刀光劍影和輕歌曼舞中萎縮，這才是真正可怕的觀念倒退。

　　現代高科技空前發達，影視藝術可以把時間、空間、現實和想像統統糅合在一起，隨心所欲地運用光線、色彩、音響等各種各樣的效果製造夢幻，再加上當代影視明星個性化的表演，現代影視更有巨大的表現空間。中國電影藝術曾經傳播過不同歷史、文化語境下的女性意識，回眸歷史，我們看到了社會文明的進程；展望未來，我們期望影視作品能反映更進步和完美的女性觀念。

---

4 張德祥，〈2001 年電視劇管見〉，《中國電視》第 2 期（2001 年 2 月），頁 50。

"女"字的傾斜

── 影視傳播中女性觀念的重構

　　女權主義作爲典型的後現代文化的一支已經有了不短的歷史。 但是在中國大陸,直到 90 年代以後女權主義才作爲一種重要的社會文化觀念開始進入研究視野。在文學界,一種總結和反思的意識使一系列女性作品問世,在這些作品中,婦女問題和當代婚姻情感問題引起了社會學家和讀者的普遍關注;在社會學界,1995 年第四屆世界婦女大會在北京召開,確定了一個重大的關切領域"婦女與大眾傳媒",其中規定的一個戰略目標是"促進媒體對婦女作出均衡和非角色定型的描繪"。可以說,對大眾文化中的女性形象所表現出來的與日俱增的興趣,已經構成了一個時期關注的熱點,學界也開始研究女性在各個領域內的處境乃至困境的狀態,而這些關注本身,正開闢著一條能夠闡述"女"字全新意義與精神的話語路向。

一、當前影視傳播中的"女性"特徵

　　茱蒂·巴特勒(Judith Butler)的《性別麻煩(Gender Trouble)》一書中闡述女性問題時,提出過一個著名觀點:"女性"是一個不確定的概念,女性的社會角色是靠"表現"來實現的。[1]惟其如此，目前影視中的女性也被賦予了很多時代的特性，或者說是在"當下"的現實性的社會語境下，大寫的"女"字才開始散發出一種區別於以往歷史的獨特抒寫。歸結起來看，女性形象在當代影視文化傳播中大致具有以下幾個特徵：

特徵之一，類型的多元化與角色的個性化。20 世紀 90 年代以降，在社會不斷宣導男女平等的前提下，女性開始找回性別和社會的"自我"，女性作為主體的意識已經覺醒。在各種方式的文化傳播中，女性形象的塑造有了千姿百態的表現。影片《家在樹德坊》中樸素熱心的居委會主任卓立英、池莉的《生活秀》中潑辣的來雙揚、來雙瑗，以及電視劇《還珠格格》裏性格古怪、刁鑽任性的小燕子，她們都在一定程度上從不同角度、不同層次上，展現了女性特有的個性魅力和豐富意涵。另一方面，由於 90 年代的女性對於所置身的環境氛圍並非完全認同，而是表現為某種莫名的排斥，性格中往往含有極端化傾向，所以她們被賦予了一種極具個性的現代女性特質。例如袁泉飾演的《藍色愛情》中的當代都市女性劉雲，就是一個既美麗又難以捉摸的女性形象，作為從事行為藝術的女演員，她表面熱情、無拘無束、浪漫瀟灑，但由於所遭受的心靈創傷以及無法承受之"痛"，又流露出些許孤獨和玩世不恭。這種另類女性的形象在文化傳播中頻頻出現，無疑成了現代都市女性的身份標識。又如前一陣子盛行的"野蠻女友"風，則是由"韓劇"中的一位行事刁蠻、

---

1 Butler, Judith. 1990. *Gender Trouble: Feminism and the Subversion of Identity*. London and New York: Routledge.

不講道理的小女生引領潮流的,她無疑是帶有虛構性的女性形象,與現實也有一定距離,但卻真切地反映了當今時代女性生活的變遷和社會影響,反映了時代審美特徵和趨勢。可以說,女性形象在"文化"這個大舞臺中既鮮明醒目,又豐富多彩,呈現出多元化與個性化相統一的雜糅性。

特徵之二,女性的主體化和訴求的單一性。當代女性文化的重大進展,就是女性意識的真正覺醒和女性視角獲得建構。從作家王安憶的《長恨歌》、虹影的《饑餓的女兒》到導演李少紅的《大明宮詞》、《橘子紅了》,這些作品無一例外地均以女性作為舞臺主角與主體。她們有力的個人表現與稀薄的社會現實形成巨大的反差,因而越發顯示出"女性主義"所蘊涵的社會能量。影視塑造的女性形象往往美貌與智慧並重,理性與感性統一,呈現出"完美"的虛構性和唯美性。比如,《美麗的大腳》中善良的鄉村女教師張美麗,她的勇於犧牲、關心孩子、奉獻教育的精神,無疑將中國女性的品格內涵淋漓盡致地表現出來,類似的一些作品中,女性也取代了男性成為觀賞的主角,也成為了人們視野裏一朵真正的"紅花",女性意識也或多或少的從這些主體形象中釋放出來了。但人們也注意到,近年來影視傳播的女性意識,儘管有不斷強化的態勢,但並沒有充分表達女性的多樣訴求,女性形象的唯美化和性別意識被不斷的人為強化,都可能僅是情緒化的書寫,而真正優質的女性話語資源,卻需要擺正男女性別關係,關注女性自身的多樣訴求,觸摸女性內心深處的各類複雜情結,深入女人微妙的感情世界,從而真正建構一種獨立於男權話語模式之外的"女性文化"。

　　特徵之三，女性形象的“商品化”。文化傳播儘管在一定程度上增強了女性意識，突出了女性體驗，但是這並不意味著女性已經真正獲得了“解放”。在“男子中心論”仍然佔據主導地位的現實中，女性形象根本無法迴避男性主體社會背景的時時籠罩和審視。充斥在螢幕上的諸如“做女人挺好”之類的廣告詞，似乎體現出對女性的關懷，其實在這些廣告詞背後，仍然難以擺脫一雙雙男性之眼玩賞性的目光。更有一些電視傳媒複製著傳統的性別角度，將女性形象商品化，採用性挑逗招徠消費者，女人對這種“文化關懷”的享受，無疑會在“唯美”性的激賞中使自己納入男性的視野範圍。因此，避免女性話語“失語”的唯一解藥，只能是越出性別符號，從而獲得靈魂、筋骨，讓女性“綠洲”自主自立，讓在男權話語中心下提出的“男女平等”從此不再是一個空泛的口號。

二、影視傳播中女性觀念的傾斜

　　就世界格局中的女權主義文化來說，一般認為當前有以下幾種類型：（1）社會女權主義，其關注點是婦女的社會地位和作用，研究作品中“婦女的形象”；（2）符號學女權主義，主張研究表示女性的代碼、規則和分類，借助符號的表達來確定婦女在文本中的表達；（3）心理學女權主義，考察作品中女性欲望的無意識表現，探索女性欲望受壓制的情況；（4）馬克思主義女權主義，注重社會經濟狀況，關心婦女所受的壓迫；（5）社會—符號—心理—馬克思主義的女權主義，是將前幾種混合起來的研究方式，尚未形成有機的綜合；（6）性愛的女權主義，它提出一種軀體的寫作理論，探討性特徵與文本特徵之間的關係。以此觀察我國文藝中的女性文化，第一種類型的"社會女權主義"已經將傳統的陸文婷式的婦女形象改換，突出了文化反抗姿態；符號學女權主義一般限於學術研究視域，而第四、和第五類也已式微，毫無疑問，僅有第三、第六類的描寫幾乎成為當前中國女性文化的時潮，而且這種對"女"字的書寫具有前衛性、時尚性和商業性。

影視文化作為最具"看點"的大眾文化，無疑與這股風潮是合拍的。值得反思的是，儘管以塑造女性為中心、關切女性的影視題材數量在不斷增加，但由於其後現代語境中的話語傾向的限制，女性塑造卻局限在"自我鏡像"（拉康）和"文化反叛"的牢籠中，"女"字的深層開掘並沒有得到質的提升，帶有獨立女性意識的作品更是很少。鑒於影視作品在文化傳播中的重要性，人們有理由期待我國的電影、電視能建構具有現代意味的女性觀念，從這個角度出發，我們認為我國影視在女性形象的塑造以及傳遞的觀念等方面，仍然存在諸多缺失，對"女"字的書寫也有傾斜。

有研究者對 1990 年－1996 年見諸《大眾電影》雜誌中有關女性的國產片和合拍片進行過統計，在 50 餘部電影中僅從題材著眼，"攝影機的鏡頭大多在明星、寡婦、妓女、女囚身上聚焦。形形色色的'出賣色相'的故事，'同性戀'故事，帶著神秘的誘惑，吊足了中國當代男人的胃口。"[2]掃

---

2 屈雅君，《執著與背叛 —— 女性主義文學批評理論與實踐》，（北京：中國文聯出版社 1999），頁 242。

描影視劇，其中塑造最多的女性角色就是缺乏安全感、小鳥依人的"小女人"形象：她們在男人面前或賣乖、撒嬌，或喋喋不休、多愁善感，但終究擺脫不了一個"小"字，性格中明顯反映出一種無法逾越的男權文化視角。如前幾年在全國各電視臺熱播的《橘子紅了》，是一部關於女性的電視劇，整部片子圍繞容家大媽和秀禾兩個女人展開，她們似乎都在與命運作戰，與整個社會作戰，但她們這樣做的目的何在？觀眾並沒有看到任何明確意向，僅有的印象是似乎所有女性都在為自己所鍾愛的男人絞盡腦汁。從這個角度看，《橘子紅了》等不僅沒有真正展示出女性的心路歷程，無意中卻流露出非常強烈的小女人對大男子的屈服與崇拜。在我們看來，該電視劇中的女性形象不僅沒有傳播現代的女性意識，某種程度上還暗合了封建的倫理道德觀念和男權意識。同樣，另一部幾乎家喻戶曉的電視劇《還珠格格》也是如此，小燕子再任性、再反叛、再不合乎常理，最終還是無法擺脫父權社會"男人主天下"的命運，她每次古怪刁鑽的搗亂還不是以獲得皇阿瑪的認可和原諒而告終？在這種觀念支配下，女性主人公根本無法撐起應屬於自己的"半邊天"。

我們並不否認，當代影視劇中也不乏一些獨立的成功女性形象，但遺憾的是，這些螢幕中的女性形象，其社會特徵包括社會關係、職業特點、生活情景等，常常被敘事者策略性地取捨，於是觀眾只能看見符號性的衣著和程式化的背景交代。編導們對於女性的時代性、職業性、社會性與獨立價值和尊嚴，往往缺乏真切、豐滿而具體的描繪，而她們為社會和家庭所做的辛勞努力和承擔的異於常人的責任，也往往被結構性地消解了。儘管她們美貌與智慧並重，家庭與事業兼顧，可以說是完美的女性，但由於一種敍事角度，事實上她們作爲"女性"的社會特徵和意義被符號性的操作"異化"了，其結果是只能給人以浮泛的印象。

　　從另一方面說，女性地位在影視作品中被有意拔高和美化，隨之而來的是構成了她們與男性文化的緊張關係，於是也不免陷入對自我話語的顛覆的困境之中。如電視劇《橫空出世》，原本與丈夫同爲留學歸國的大學教師妻子，雖經歷過"歐風美雨"的女性文化薰陶，但不期然對野蠻無理的丈夫仍然只能毫無怨言地默默忍受。作爲一位接受過高等教育、見識過現代文明的女性來說，當她面對兩性關係的難題時，卻選擇了懦弱和自怨自艾，這種話語表達無形之中會強化觀眾對以男性爲主的觀看角度的認同。在《說好不分手》、《非常夏日》中，女性形象一旦獲得明確的自我訴求，渴望靠自己的才華和能力獨立地闖世界的話，就難免落入尷尬的處境；同樣在《法官媽媽》中，女法官安惠對少年犯給予慈母般的關愛，但女性的愛心並沒能洗贖不潔的靈魂，最終竟然落入犯人的圈套。從編導者的創作意識中不難發現，相當一部分的現代女性還是被置於了男性的對立面的，更有甚者，某些影視片還暴露出對自足獨立的女性意識的潛在敵意。

　　女性主義長期以來的建設目標之一，就是鼓勵女人跨出私人院牆，走進公共領域，在一個更爲廣闊的天地裏扮演社會的性別角色。但近年來，不少影視作品卻有背此道，熱心於描寫所謂"女奴型"的女性形象。這些女性或者是事業有成的職業女性，或是漂泊遠洋的新女性，不管是哪類女性，她們雖走出了＂小家＂，其結果卻不免在滾滾紅塵中墮入被男性欺騙、背離的命運。根據池莉小說改編的電視劇《來來往往》、《牽手》以及《讓愛作主》等影視劇中的女性形象，就多為這種類型：這些女主人公表面上看已獲得獨立，而一旦為丈夫或情人拋棄就手足無措、狼狽不堪，而男人即使是道德和倫理的＂小丑＂，也被戲劇性地掩蓋或＂人性化＂地美化，顯然，一種社會無意識仍把問題拉回到＂女子 — 弱者＂的陳腐敘事之中。《一聲歎息》中的李小丹，不正是扮演了這樣一個令人可憐又可歎的角色？正如一位學者所說：當代中國＂女性話語＂的培育越來越以外表和＂賣相＂為中心，男性視野使女性重新陷入了男權文化的陷阱。

三、自主獨立的女性文化建構

對於＂女＂字的傾斜，我國影視創作該如何力挽其偏，找到其真正的平衡點，從而傳播現代、文明的女性觀念，重新煥發＂女人＂特有的光彩？我們認為，當前的影視劇創作特別是有關女性題材的影視創作，應確立自主獨立的女性意識，並在文化層面上建構女性世界的意義和價值體系。

首先，擺脫傳統觀念的束縛，肯定女性自身社會價值的多側面性。傳統的東方女性以溫柔、賢淑為美德，其實女性除了這些品質以外，還有很多吸引人的側面，甚至是那些通常承載在男性身上的品質，諸如堅毅、自信、獨立、果斷等都可以由不同的女性承當。女性既可以是溫柔可人的，也可以是堅韌剛強的，其社會屬性呈現出多樣性和開放性。以此反觀目前的一些影視劇，卻仍然充塞著很多陳舊、單一觀念的作品，如電視劇《大宅門》，我們暫且不說那個被貼上“愛國主義”標籤來掩蓋其骨子裏腐朽男權觀念的白景琦，就連那個老去的婦人，雖身爲女人，竟然殘酷地奪去二太太做母親的權利，也成爲堅實捍衛男性中心利益的可怕力量。另外一些影視劇，如《大紅燈籠高高掛》、《橘子紅了》等，他們都在某種程度上強化著一種古老的舊式規範，藝術上的成功並不能掩蓋文化傳播意識的落後。當然我們所說的擺脫傳統，並不是指單純的硬性拔高女性形象，我們所期待的是使女性形象與當代現實生活中的女性意識盡量相符，是展現有血有肉、對自身能力有所肯定的新女性。

其次，擺脫男性視角，肯定女性的內在價值足以支撐其自信和自尊。當代影視傳播，亟需擺脫男性“審美之眼”的過濾，這是女性文化重建面臨的一個非常重要的現實問題。勞爾·莫爾維在《敍事電影的視覺快感》中曾指出，電影文本對男性觀眾的主體性建構影響極大，電影提供給男性觀眾以主體位置，因此女性獲得快感是以否定女性的主體性爲代價的。這提供給我們啓示：當代影視如果以視覺“唯美”爲審視女性的唯一標準，以“玩賞”趣味替代理性自覺的話，那麼女性的內在價值是無從肯定的。比如《一聲歎息》等影視作品，便將那些原本豐富、鮮活、生動的“女”字進行簡化、壓縮，於是她們或充當包容一切的賢妻，或成爲讓男性魂不守舍的性符號物件，女性形象難免被扁平化和模式化了。反之，一些優秀作品，如李少紅的《大明宮詞》，其中太平公主和武則天的形象卻是較爲立體、鮮明的，她們的人物形象或許並不完美，但多少能反映出女性在歷史長河中曾尋找過與男性平等對話的艱難歷程。如何徹底改變"女人是玩物"這一頑固而保守的思想觀念和思維習慣？診療方案或許只有一個：關注女性自身訴求，相信女性內在的力量足以支撐其人生信念，這對我們塑造女性新形象、傳播女性意識有著非常重要的現實意義。

其三，擺脫身體性別的"符號"意識，關懷女性的內心世界。當今大眾傳媒在傳播女性文化中的最大弊端就在於將女性性別體驗無限放大，使女性物化、商品化、符號化。走上螢幕的都是年輕貌美的女性，她們在鏡頭前展示美腿、美甲、美髮、美眉、美眼、美服、美妝、美乳、美臀和美腰等，女性節目則拼命地向女性受眾推銷"減肥妙招"、"怎樣扮靚"，把女性設定爲忙著打扮自己的芭比娃娃，卻忽視其思想、情感上的內心要求。至於影視劇，女性形象亦多被聚焦在深宮中的怨婦、別墅裏的情婦、歌舞廳的美眉或在閨房撒嬌的小女人身上，而真正具有時代特點的新女性卻因編導們對女性理解和關懷的稀缺，而被無情地放逐一邊了。在我們看來，影視劇要突破這一怪圈，關鍵還是要走出對女性的經驗性想像和符號化處理，關注女性的內心世界，關懷女人一生的情感歷程，從而由內而外地展現女性的生活世界和內心世界，真正意義上從"人生"和"心靈"兩大問題上對女性有所關懷。近年來，一些具有新意的女性形象還是引起了人們廣泛注意的，如《大雪無痕》中的反貪衛士廖紅宇，《永不放棄》中堅守人道主義信念的醫生杜小青，《大法官》中的林子涵，還有《紅色康乃馨》裏的阿琪、《青春的童話》裏與病魔鬥爭的女大學生莫南，她們都具備了自主選擇與決定自己命運包括選擇愛情與婚姻的權利。她們也有對情感和精神家園的浪漫情懷，也充滿對未來生活的寄託與嚮往，但她們並不把性別視野中的特殊關注看成生命中的唯一價值，能夠理性地看待人生價值的真正內涵。她們更沒有重複許多影視作品中女性愛說的那句"我畢竟是個女人呀"的宿命意識與觀念。從這一角度評價，這些影視劇無疑具有意識的"當代性"，同時也使他們的女性形象更具新意與魅力。

　　影視文化傳播，呼喚更多的女導演介入和優秀女性題材的影視劇。不消說，從女性視角看社會、看自身，藝術反映生活或許更能獲得比較全面的視角。但也需指出，女權主義的崛起，或許是時代性潮流，但一旦矯枉過正，很可能成為另一種文化話語霸權的模式。真正文明、現代的女性文化傳播並不意味著女性與男性爭權奪利意義上的"造反"，男、女兩極最終還是要以平等的心態彼此對話。因此，性別之爭並不是我們關注的焦點，我們期盼的是更理性、更深入地關切當代女性，改變女性失語與自我喪失的困境，並以女性真實的聲音來表達現實中的境遇。

（本文與陳佳合作撰寫）

論張藝謀的 "武俠" 電影

1、《英雄》

　　像張藝謀的所有電影一樣，《英雄》也貫穿著他特有的生命氣息、藝術觀念和人生理想。作爲一部宏大敍事的大製作，電影藝術的所有元素和手段，張藝謀在他傾情奉獻的這部新片中基本上都搬演了，並得到了高度組織化的表現。與他早年拍攝的《古今大戰秦俑情》作比較，同是歷史敍事性題材，如果說《古今》因其敍事的空泛，而未能融入創作者的生命體驗，曾招致廣泛的批評，那麼《英雄》則因主體感受和藝術手段的純熟結合，達到了一位成熟藝術家所能達到的高度。

　　看《英雄》，觀眾自然會把在諸多方面相類似的《臥虎藏龍》進行對照解讀。不消說，這種聯想，不僅由於時間上的接近而自然產生，而且事實上兩者之間也確有眾多的可比性。如，它們都是華人電影，都是中國歷史題材和中華武打工夫，又都是大投入、大場景、大製作和較有國際知名度的導演、演員參與拍攝，而且還有一個隱含的趨同，就是兩位導演都試圖用西方藝術觀念和審美視角展現中華文化，企圖以國際性的眼光和藝術語言重新詮釋和打量本土文化，目的則是爲了開拓電影市場和國際知名度。但兩者的區別也有，《臥虎藏龍》切入的方式更爲洋化，導演的個性在過於急功近利的“開拓市場”的抱負下大致消失了，而張藝謀的藝術個性則更爲頑強，他不僅注意到電影市場的全球性不能缺少藝術、文化的本土色彩，而且作爲藝術，導演的個性就是觀眾認同的代碼。因此，從個人化角度來說，《英雄》可能要稍勝一籌。

據說，《英雄》除了要更爲深入表現中國的武打工夫以外，張藝謀還試圖賦予超越一般性武打影片的“和平”主題。在這方面，張藝謀可以說用意深焉。影片中，他以高雅的“古琴”消解劍氣的寒光，用文人化的書法融化劍術的銳利，更不用說用幾位“英雄”的生命來演繹，或者說直接呈示導演的“和平”觀念了。導演從“和平”的對立面“戰爭”和“劍”一翼，開掘人類“和平”的理想，顯示了導演的大膽立意和不落言詮的解釋，但是這種超越之舉，卻因細節方面的無法圓潤，有時就不得不讓角色站出來說話了。例如當秦王、無名、飛劍等人一再生硬地說出傳統的“和爲貴”思想時，觀眾們總有被“強塞”的感覺，於是影院中發出的曖昧的“笑聲”，或許正表達了他們的抵觸情緒。顯然，觀眾已明白了導演的用意，卻因人物角色過度的“言說”而顯得無奈，在這方面，觀眾其實比創作者的想像要聰明得多，他們欣賞影片的同時，也有自己的智力投入。

無庸置疑，“張藝謀”這個名字，就意味著影片絕對是以張藝謀爲中心的導演的作品。以導演爲中心，一定程度上也就決定了演員的個性發揮會在一個既定的框架內展開，而這種情形下，演員很容易淪爲"符號"化的形象和聲音。在我看來，張藝謀選擇演員是有自己的獨特理解的，即演員形象的強烈個性化和表演的既定化，而兩者之間又必須達成某種微妙的平衡。《英雄》中幾位主要人物，如無名（李連杰）的英武執著、飛劍（梁朝偉）的滄桑飄逸、殘雪（張曼玉）的凄美剛烈、如月（章子怡）的斷腸情殤等，無一例外地被導演欽定了類型性，因此一定程度上也"標籤化"了。以導演爲中心本身就是一種藝術選擇，也無所謂對錯，只要有一個充滿懸念的故事做依託，加上電影作爲綜合性藝術的其他要素的自由調度，演員相對單純的內心開掘會被故事性、視覺性的開拓而呈現出豐富而純粹、複雜而易識的審美感受，同樣不失爲一種明智的創作理念。

　　電影藝術是一種藝術性的敍事學。《英雄》的敍事，也是建立在導演對歷史的新的認知上的。現代性的新歷史主義觀認爲，歷史在後人的敍述中本來就是不確定的，因此它可以有多種解讀方式，是一種開放性的"言說"。這無疑也構成了《英雄》敍述歷史的基本觀念。影片中，不僅宏大歷史的敍述，越出了人們的想像，並解構了人們對秦滅六國這段歷史的固有知識，而且故事得以展開的方式，也是在現實與想像的交媾敍述中延展開來的。這種結構方式對中國觀眾來說，形成了全新的認識和審美思維，也基本上是成功的，但有一個問題，即當導演試圖通過這種歷史性敍述來"說教"時，那種複雜結構本身的對立性，很大程度上消解了正面敍述的"意義"，因而對於一部分習慣於傳統敍述方法的觀眾，可能會認爲影片的主題是含混的，不夠清晰。

《英雄》中，音響、音樂、畫面、色彩、武打等，同樣是構成影片多方面審美感受的有力部分。沒有這些要素，影片甚至是平庸的，也不再是“張藝謀風格”的。當然也不妨反過來說，或許是因爲張藝謀過分強調了自己的“胎記”，許多時候這些素質又成了炫耀、誇張性的“累贅”。例如，紅、藍、白、黑等色彩，那種過度的濃烈及其大幅度變幻，一定是必要的嗎？劇烈的視覺變化，會不會沖淡故事本身的張力？譚盾的音樂，多少還沒有脫開《臥虎藏龍》的風格，觀眾甚至會以爲又一次在重溫那低沉、哀婉的昨天旋律，一曲熟悉的老歌。所有這一切又都說明，即使對於一個最富有創造性的藝術家來說，要真正超越自己已達到的某個高度，也是多麼艱難的事情！

2、《十面埋伏》

對許多觀眾來說，恐怕也只有“張藝謀”這個名字能吸引他們冒著難耐的酷暑，光顧電影院去遭遇《十面埋伏》了。幾個月來，張藝謀的《十面埋伏》無疑是一部最令人期待的武俠大片，同時就像它的片名，也“埋伏”著無數的謎團，“埋伏”著太多的懸念，而張藝謀則任媒體炒作，始終守口如瓶，不肯透露一絲一毫，更讓人揣度紛紛，莫衷一是。

7月16日，是全世界同時揭開謎底的一天。這正是“老謀子”式的市場運作的伎倆，試想，當全世界無數觀眾都在同一天從不同角落走進影院，把忠誠、期盼的目光聚集在白色的銀幕上，豈不又製造了現代社會中難得一見的“節日狂歡"？確實，在中國導演中，也只有"張藝謀"這個品牌，能凝聚那麼旺盛的人氣了 —— 這對於中國電影來說，儘管令人掃興，卻未嘗不是奇蹟！

　　對於喜歡張藝謀的觀眾來說，看他的電影，就是沖著張藝謀這次能給他們帶來多少驚喜而來的。過去，老謀子曾給觀眾帶來那麼多驚喜，《紅高粱》、《老井》（主演、攝影）、《大紅燈籠》、《秋菊打官司》、《我的父親母親》、《英雄》，經張藝謀之手的藝術品，確實"白裏透紅，與眾不同"，而且總能給人帶來意外之喜。人們幾乎認定，張藝謀就是電影的代表或化身，電影的所有要素，如故事、聲、光、色，當然還有演員（特別是女演員），都在他的調度、擺佈下，能變成消遣生活中的"興奮劑"。這種傳播學上的"使用 —— 滿足"心理，甚至比觀看美國大片更為強烈，個中原因，除了張導是"咱們中國人"這個民族因素以外，在我看來，張藝謀也確實在運用世界共通的電影語言（當然是寫中國文章）方面，毫不遜色於洋鬼子，而這一點，至少也是中國電影在"拿來"之外，還可以"輸出"的"獨此一家"。所以，當我讀到下面這篇報導[1]，多少還是有點激動的：

　　　　手，拍紅了，拍疼了，拍麻木了。隨著劉德華跟蹌的背
　　影和金城武抱著倒在雪地上的章子怡悲痛欲絕的畫面
　　在銀幕上的定格，隨著凱薩琳.巴特爾那極具磁性和穿透
　　力的歌聲，隨著字幕一行行地滾動，全體觀眾起立鼓
　　掌，掌聲如暴風驟雨，似乎要掀翻戛納藝術中心的穹

1　《北京青年報》，2004 年 5 月 21 日。

頂，漸漸地又變成了有節奏的擊掌，5 分鐘，10 分鐘，20 分鐘……像是要永遠鼓下去。章子怡的臉上淌滿淚水，淚水映襯著她那東方式的迷人的微笑；金城武、劉德華第一次經歷這樣的場面，一時間竟顯得有些不知所措；張藝謀是見過大世面的，面對此情此景也不禁為之動容，帶著他的三位演員頻頻地向觀眾鞠躬致謝，但觀眾還是"不依不饒"，把巴掌拍得更響。這是昨天（20日）發生在戛納電影節《十面埋伏》展映式上的一幕，組委會主席昆汀·塔倫蒂諾與張藝謀緊緊擁抱……國產影片在這裏受到如此的歡迎，作為中國人的那份自豪感，在記者的心裏湧動、瀰漫、升騰……

至少目前，我們還太缺少像張藝謀這樣的能給世界觀眾帶來"驚喜"的導演和影片。電影如果不能給人這種"驚喜"感受，那麼影院只會伴隨寂寞的孤燈。

張藝謀似乎早就準備著在《十面埋伏》中預設"驚喜"，冷不丁露出幾招。當一身盛唐裝束、尤顯雍容華貴的"小妹"章子怡，在牡丹坊內舞動長長的水袖，跳起令人眼花繚亂的"盤鼓舞"時，觀眾席上第一次響起了自發的掌聲和"嘖嘖"的讚歎聲。隨著故事情節的發展、人物命運的揭示，特別是"張藝謀智慧"的一個個展現——"四箭封喉"、"竹林追殺"、"絕命飛刀"、"大姐現身"、"小妹殉情"……掌聲又 5 次在影院裏響起。從某些角度看，《十面埋伏》與張藝謀以往的電影比較，無論是畫面、打鬥，還是在表現人物、人性方面，都是有突破與創新的。這個"新"，關鍵還是能滿足觀眾的“驚喜”，是比坐在客廳看老套的連續劇抱有更多的期待。

　　看《十面埋伏》，人們自然會與《英雄》做一番比較。一年前，當“英雄”說起“和爲貴”的主題時，記得影院裏曾發出曖昧而略含諷意的笑聲，張藝謀說：這是他犯了“低級錯誤”，因爲主題是不該說出來的。《十面埋伏》是關於“愛”的主題，但導演再也沒有讓主人公開口，而是把張藝謀式的生命體驗完全融化在一個好看的敘事框架裏了，或者說“愛”是從人物關係和命運中自然生長出來的花朵，就像空氣和陽光一樣自然。音響（聲）、色彩（色）仍是張藝謀電影的“胎記”，但《十面埋伏》比之《英雄》，似乎不再絢爛奪目，而是樸素而圓潤多了 —— 在我看來，觀眾對一位能給他們帶來驚喜的藝術家來說，總是希望他臻于完美，而不是一個借電影肆意折騰的搗蛋鬼。

　　電影的結尾，爲什麼非讓女主人公“小妹”死而復活兩次呢？這種死而復生，對於現代觀眾來說，即便是在觀看昆劇《牡丹亭》中的杜麗娘，且已感到彆扭，何況是表現現代愛情版的“生死戀”呢？看慣了大片的現代觀眾無疑有豐富的觀賞經驗，這種“復活”不會被看做是“驚喜”，而只能被認爲是敗筆。或許，電影總是遺憾的藝術，即便是對張藝謀來說，同樣如此。

附　錄：

媒介與大眾文化
—— 一種新的生態主義觀念

現代社會中，大眾媒介已經被列為社會結構中不可或缺的組成部分之一。它通過重複性的社會活動方式 —— 促進訊息的溝通和交流，傳播知識、信仰和價值觀等 —— 聯繫社會的上下左右，凝聚社會的方方面面。"事實上，一個資訊性的紀錄片可以轉化成一種知識，而一個娛樂性節目可以激起情感反應。大眾媒介直接影響到文化、知識的儲存和一個社會的規範和價值觀念。"[1]在這個過程中，媒介以一套完整的符號系統把社會中"飄忽不定的東西"，聚合生成一個社會精神生態系統，一個具有自身的"生態場"、"生態勢"、"生態平衡"、"生態效應"、"生態壓力"、"生態危機"的"精神圈"。

一、媒介與"精神圈"

人們通常認為，大眾媒介對社會精神圈的影響具有明顯的作用。"螢幕上漂亮、瀟灑、富有、熱情、可愛、勇敢、

---

1 陳衛星，《傳播的觀念》，（北京：人民出版社，2004），頁308。

聰明、富創造性、有力量、榮耀的英雄，是這個世界以外的
超人。我們自己的妻子和丈夫，父親和母親，兒子和女兒，
相比之下是差得太遠了。所以我們對他們不滿意，而且甚至
對自己也不滿意。心理學家道格拉斯·肯立克（Donglas
Kenrick）在深入研究之後，發現人們在看過電影、電視故事
中理想的伴侶之後，對自己現存的伴侶讚賞程度下降了。"[2]
在對媒介的各種看法中，媒介經常被當作暴力事件增長和社
會冷漠症的替罪羊，同時又被矛盾地當作促進精神文明的積
極因素，能夠在相當範圍內刺激產生正面意義上的變化，例
如在我國大陸，新聞媒介的宣傳和教育功能，一直是受到積
極肯定的。

　　總體上說，西方學者是以批判的態度看待這一媒介現實
的。他們認為，媒介的爆炸式發展，以及由此帶來的媒介同
質化，並沒有擴展人類的精神空間，而是使"精神圈"不斷
趨向狹窄、逼促、窒悶。馬爾庫塞在《單向度的人》中，對
大眾傳播和工業時代製造虛假需求和虛假意識、壓制個人願
望、形成一種單向度的思想和行為方式進行了詳細論述。在
這些論述中，馬爾庫塞一再表明：作為一種灌輸和操縱手段，
大眾媒介不僅製造虛假需求、傳播虛假意識，而且使人意識
不到這種虛假性而形成單向度的思想和行為。"單向度的
人"一詞，通常被用來指責媒介給社會意識形態所帶來的
"偏向"，進而也揭櫫社會"精神圈"的內質日趨同一、單
調乃至枯竭的秘密。

---

2 [美]R·M·尼斯、C·C·威廉斯，《我們為什麼生病》，（長沙：湖南科學技
　術出版社，1998），頁 234。

　　媒介以強烈而富有刺激性的聲、光、色彩等結構性元素，喚起人們的視覺快感和深藏的欲望，“好看”抽幹了內容，觀看儀式代替了追求內在精神的呈現。媒介“通過一種社會感應術，成千上萬的個人都被施加魔法似的形成了相同的思想和影像。這些東西就像無線電波一樣，從一個人傳播到其他的人。當這樣的事情真的發生時，我們所看到的景象是令人擔憂、難以忘懷的。其中一大幫彼此素不相識的人，被同樣的情感本能地支配著。他們就像一個人那樣對一條標語，或者一個口號作出反應，並且自發地融爲一個集體性實體。”[3]在這種邏輯下，選美大賽、內衣秀、封面女郎、時裝表演、脫衣舞、廣告女郎、人體攝影，夢露或瑪丹娜，施瓦辛格或貝克漢姆……等等，媒介所塑造的當代藝術和大眾文化，成了“我們身體與世界達成的共同協議”[4]，有品味的精神追求已變得越來越不重要了。

　　顯然，那些覺醒的學者對大眾媒介造成的精神“生態危機”，是存在深刻的反思和隱憂的。但，由於置身高科技媒介和大眾文化的巨影籠罩，他們對此多少顯得無奈和無措。因此，他們只能把一切罪孽，歸咎於“技術”這個“萬惡之源”：“我們時代的危機在很大程度上是有技術引起的，因爲人沒有能力駕馭這個技術。這個危機首先是精神危機……技術使人離開大地，把人轉移到世界空間之中，賦予人以大

---

3 [法]塞奇·莫斯科維奇，《群氓的時代》，（南京：江蘇人民出版社，2003），頁33。
4 羅鋼，《文化研究讀本》，（北京：中國社會科學出版社，2000），頁172。

地的全球感受。技術徹底地改變了人們對空間和時間的態度。技術敵視一切有機的具體化。技術的統治使人的生命中心理的東西弱化，削弱心靈的熱情、舒適、激情和傷感。傷感總是與心靈相關，而不是與物質相關。技術毀滅生活中一切有機的東西，把整個人的生存都置於組織的標誌之下。從有機體向組織過渡的必然性是當代世界危機的根源之一。"[5]也就是說，現代的精神危機，是源於技術這個"冰冷的金屬環境"，媒介問題也如出一轍。

但是，在我看來，技術組織的原則以及媒介的光影，從來沒有也不可能成為主導的和無所不包的原則。因為總是有許多東西仍然處在有機的狀態，活的、自然的狀態，尤其是人的精神。人不會只是客體，他還是主體，人在自身裏擁有自己的生命。在媒介面前，世界不只是供人欣賞的，人也不會只是個直觀者。這恰恰是生態的"秘密"所在。

所以，現代媒介社會中精神圈的窘態和精神污染，本質意義上不是技術問題，也不是媒介本體命題，而是對大寫的"人"的觀念問題。"可以毫不誇張地說，現代社會的未來及精神生活是否安定，在很大程度上取決於在傳播技術和個人的回應能力之間，是否能維持平衡。"[6]一個健康、和諧的社會精神空間，根本出路在於轉變人們的視點，真正建立媒介對人的生態觀，並從哲學的高度重新審視和調整媒介與社

---

5 [俄]別爾嘉耶夫，〈當代世界的精神狀態〉，張百春譯，《問題》第 2 期，（北京：中國人民大學出版社，2003 年），頁 312-313。
6 ［加]埃里克‧麥克盧漢，《麥克盧漢精粹》，何道寬譯，（南京：南京大學出版社，2000），頁 161。

會、媒介與 "人的精神" 的關係，使人們的價值觀趨向合理。惟有觀念的轉變，然後才會有社會精神生態環境的真正改善。

二、媒介與 "虛幻外界"

　　有些學者很早就發現，媒介具有為大眾構造社會環境的功能。最早提出這個觀點，是美國著名政治學家沃爾特·李普曼。李普曼在 1922 年出版的《輿論學》一書中，首次提出 "虛幻外界與腦中圖景"（The World Outside And The Pictures In Our Heads）這一意味深長的命題。在他看來，人類生活在兩個環境裏：一是現實環境，一是 "虛幻外界"，即 "我們頭腦中的圖畫"。他說：

> 因為真實的外界實在太大、太複雜、轉瞬即逝，使人無法直接熟悉它。我們還無力對付如此多的差別細微、紛繁複雜、變化多端和包容兼併的現象。總之，我們必須在此環境中有所行動，並且在我們力爭能駕馭它之前按一個簡單些的模型重新塑造它。[7]

　　李普曼認為，這個 "簡單些的模型" 也就是由媒介提供的 "虛幻外界"。在現代社會中，由於現實環境早已變得錯綜複雜，遠非個人所能親身經歷。這時，大眾媒介把 "不可觸、不可見、不可思議" 的現實環境傳遞到人的面前，為人們提供一個可感可知、並仿佛也能親身經驗的間接環境，即所謂 "媒介環境"。由此，人們借助媒介組構的圖畫，可以形成 "頭腦中的圖畫"，並且 "人們可以從所讀到、看到和

7　Walter Lippmann , Public Opinion (New York:Macmillan 1921),p.16.

聽到的內容，發展出對物質現實和社會現實的主觀及共認的意義構想。"[8]

　　媒介的功能並非像"鏡子"一樣，被動地反映現實，而是以特定的視角和手段，以"過濾之眼"選擇後，將現實"再建構"後呈現給觀眾的。因此，我們從媒介看到的世界並不是世界本身，而是被媒介選擇、解釋、轉述後的世界。換言之，"現代人實際上生活在一個被媒介製造的'資訊洪水'包圍的世界裏，對事物的感知、判斷及採取的行動，大都以他們看到、聽到的媒介現實爲依據。"[9]這樣看來，媒介構建的"虛幻外界"對現代人的影響和"塑造"實在不可小覷。

　　20 世紀是大眾媒介突飛猛進的時期。由於電子媒介和網路媒介的興起，社會的"媒介化"程度迅速提升。人們生活在媒介創造的虛擬現實中，"媒介現實"代替了真實的現實，人們甚至已經無法分清"真實"與"虛假"的界限。媒介技術所提供的高保真、高清晰畫面，似乎伸手可及，給人以自己同實際環境保持了密切聯繫的錯覺，而事實上，我們所接觸到的，只是二手、三手乃至多手的轉手材料而已。正是從媒介對"真實"的措置開始，一些更深層次的問題接踵而來。

　　首先，媒介構造環境，也歪曲環境。按照阿爾都塞的觀點，大眾傳媒是意識形態支配下的"想像"的結果，而意識

---

8 [美]M・L・德弗勒，《大眾傳播學諸論》，（北京：新華出版社，1989），頁 42。

9 張國良，《新聞媒介與社會》，（上海：上海人民出版社，2001），頁 63。

形態是一種"表像體系"，是"個人同他的存在的現實環境的想像性關係的表現。"[10]由於意識形態訴諸人的感受，而多數情況下與個人的"意識"毫無關係，因而當人們錯誤地把意識形態支配下的"媒介環境"當作"現實環境"，並決定自己的行動的時候，就不可避免地使個人和社會付出沉重的代價。精神分析學家榮格論述道：

> 每一位羅馬人都生活在奴隸的包圍之中，奴隸及其心態在古代義大利氾濫成災，每一位羅馬人在心理上 —— 當然是不知不覺地 —— 變成了奴隸。因為他經常不斷地生活在奴隸的氛圍之中，所以他也透過潛意識受到了奴隸心理的侵染。誰也無法保護自己不受這樣的影響。[11]

同理，由於錯誤意識形態的作用，以及媒介作為"權力"的集中體現，在特定的歷史時期，有多少熱血沸騰的人們迷醉在媒介虛構的"幻影"之中。數百年來，人類歷史上的戰爭、動亂或其他社會事件的發生，儘管有多種因素，但意識形態籠罩下的媒介無疑是一個最大的"變數"，它策動事件，刺激情緒，鼓噪適合意識形態宣傳的氣氛，其結果是，媒介所製造的虛幻外界使"傳播權力"淪為"傳播暴力"。

其次，"媒介環境"中的人為包裝，以假亂真的技術手段，改變了自然的社會生態。現代社會中，"媒介環境"主要有兩個"要件"構成：一是"媒介事件"，即有意安排的、

---

10 [法]路易·阿爾都塞，《保衛馬克思》，（北京：商務印書館，1984），頁203。
11 埃里克·麥克盧漢，《麥克盧漢精粹》，何道寬譯，（南京：南京大學出版社，2001），頁242。

非自然的人爲事件，如新聞發佈會、公關活動、揭幕剪綵等。在國外，由各種機構或企業的公關人員一手操作；在國內，也有人從事 "新聞策劃"；二是 "媒介人物"，即媒介安排的人物訪談，許多顯赫一時的名流都是借助媒介之手，大出風頭。由這種媒介邏輯帶來的問題是，過多的商業氣息損害了公眾對媒介的信任度；對公關事件的過度注意，淹沒及沖淡了對現實重大事件或環境重大變動的應有重視；對名人的過度宣傳，容易引發某些不健康的社會導向等。[12]

再次，媒介環境刻意渲染、暗示，刺激受眾 "腦中圖景"，從而影響人的 "潛意識"。"媒介是人體的延伸"（麥克盧漢），這個 "延伸"，不僅指人的視覺、聽覺和觸覺的延伸，更是人的精神邊際的延伸。當媒介傳播具有暗示性內容，人會由於情感作用展開聯想、想像，從而出現 "變延" 現象，而其結果往往是帶來負面效應。例如，2004 年 6 月 9 日中央電視臺直播自然分娩，引起廣泛關注之後，又於 6 月 30 日下午在一套《中國人口》欄目再次直播一高齡女性剖腹產分娩的全過程。對此，觀眾和社會學家引發了爭議。請看報導：

> 前天看完直播後，一位元女大學生對記者說的第一句話就是："看剖腹產生孩子太可怕了，我以後不打算生了！"
>
> 記者發現，原本想推廣普及分娩知識的科普節目，卻讓更多的未婚女性對分娩過程產生一種恐懼感。不少女孩

---

12 張國良，《新聞媒介與社會》，（上海：上海人民出版社，2001），頁 63。

來電反映，收看整個直播過程的時候一直都很緊張，眼睛也睜得大大的，一直到聽到嬰兒的哭聲，才放鬆下來。還有一些女孩說："雖然我很愛我媽媽，不過我還是認為生小孩是一件很可怕的事情。我想，如果將來結婚後，老公同意不要小孩子的話，我就打算一輩子不生了。"[13]

由"爭議"引發思考，一些專家認為："分娩是生命的一個必然過程，但現代社會，剖腹產、拒絕母乳餵養的比例卻不斷上升。而一些影視、新聞節目還過度渲染、暗示分娩過程的痛苦和心理焦慮，這是很不應該的。"按照醫學常識，剖腹產畢竟不同于正常的生命誕生，如果電視還"二度聚焦"這一過程，並"逼真"地進行直播，就更加需要謹慎，要充分考慮其可能產生的社會負面影響。

媒介建構"環境"，一個虛構的外在世界和一個引起人的意識延伸創造空間，它對人類來說究竟是"善"的還是"惡"的？是把人們帶進一個"千僖盛世"，或者是由此出現一個"假耶穌"—— 如葉芝筆下的怪獸，懶洋洋地在耶穌誕生地伯利恒出生的怪獸？至今，我們似乎還看不到答案。

在我看來，環境變化本身，其實在道德倫理上是"中性"的，問題的本質（或者也是人類必須走出的困境），是我們應充分認識媒介對人類的心理和社會影響的潛在機制，以及我們如何去感受和作出反應。"數百年來，人們在這方面的失敗具有典型的意義，這是完完全全的失敗。人們在媒

13　《央視直播剖腹產引發爭議》，《新民晚報》（上海），2004 年 7 月 1 日。

介如何影響潛意識，抱溫順接受的態度，這使媒介成爲囚禁其使用者的無牆的監獄。"[14]確實，我們不能再犯這樣的"聰敏的錯誤"了。

20 世紀以來，在這個層面上，許多傳播學者不倦探索，但似乎都像"霧裏看花"，沒有一個令人信服的結論。恰恰是麥克盧漢 —— 儘管他本人也未必清醒地意識到 —— 卻開始用"生態"的眼光觸及這個問題。他提倡"認真研究媒介"，並且以先見之明地"開始尋求一種關於媒介的平衡理論"。

1969 年，麥克盧漢在接受《花花公子》的訪談中，在闡發了他的基本的"媒介觀"，即"技術革新是人的能力和感官的延伸，但是這些延伸反過來又改變了這種平衡，無情地重新塑造社會，而社會又產生新的技術"之後，進一步提出了"媒介環境"的巨變可能對人類生態造成的潛在影響：

> 過去，人們對媒介影響的經驗是漸進的，這使人和社會能夠在一定程度上吸收和緩解影響的衝擊。今天，在瞬息傳播的電子時代，我相信我們的生存，至少是我們的舒適和幸福，要取決於我們是否瞭解我們的新環境的性質。這是因為與過去的環境變化不同，電子媒介構成了文化、價值和態度的全局的、幾乎是剎那間發生的轉換。這種巨變產生巨痛和身份的迷失。只有對巨變的動態獲得清醒的認識，才能減輕痛苦，減少迷失。只有瞭解新媒介引起的革命性轉換，我們才能預測和控制這種

---

14 埃里克·麥克盧漢，《麥克盧漢精粹》，何道寬譯，（南京：南京大學出版社，2001），頁 242。

變化。但是，如果我們繼續沉溺於自我誘導的潛意識癡迷，我們就會受到它們的奴役。[15]

麥克盧漢的媒介環境觀的深刻之處在於，它以一種超越於技術媒介理論和普泛的倫理觀來論述媒介給社會之影響，它從媒介與人的關係、與社會生態的關係之“大視野”洞徹媒介環境的動態進程及其意義。“由於今天的資訊運動速度加快，我們有機會去瞭解、預測和影響塑造我們的環境力量。因而我們有機會奪回自己命運的控制權。人的延伸及其產生的環境是進化過程的核心體現……真正重要的是如何使用媒介，而不是媒介對我們做了什麼以及媒介與我們一道做了什麼。這是技術白癡的傻瓜立場。”[16]

因此，麥克盧漢遊出了思想的“漩渦”，便能夠發現更多的秘密。他說：“我個人非常信賴人類的彈性和適應力。我展望未來時心潮激盪，充滿信心。”他所謂的“人類的彈性和適應力”正是生態演化的自然特徵。基於對人類生態的觀念，所以他即使面對“媒介環境”在現代社會中“沉入漩渦穀底”，也仍然保持冷靜的態度，因爲他相信：“我預料未來的幾十年會把這個行星改變爲一種藝術形式。此間的新人在超時空的宇宙和諧中連在一起。他們會用官能去擁抱和塑造這個地球的各個方面，彷彿把它當成是一件藝術品。”[17]

15　埃里克·麥克盧漢，《麥克盧漢精粹》，何道寬譯，（南京：南京大學出版社，2001），頁 362。

16　埃里克·麥克盧漢，《麥克盧漢精粹》，何道寬譯，（南京：南京大學出版社，2001），頁 362。

17　埃里克·麥克盧漢，《麥克盧漢精粹》，何道寬譯，（南京：南京大學出版社，2001），頁 403。

　　顯然，麥克盧漢的"媒介環境"理想，是向詩的"藝術形式"敞開的，而這正是生態哲學與審美意識的"高級"呈現。

三、媒介的"涵化"功能

　　20 世紀 60 年代，一種新媒介 —— 電視，已滲透進美國人的日常生活。恰在其時，美國又出現一股"文化反叛"浪潮，電視上充斥暴力內容，並且將街頭的暴力"放大"了呈現給所有人看。由此，一些學者把現實世界中不斷增多的暴力行為與電視的暴力內容聯繫起來分析，試圖找到暴力電視節目對觀眾的潛在影響。

　　喬治·格博納等傳播學者接受美國心理衛生部等機構的委託，對電視內容及其影響展開了長達十多年的研究。他們統計分析了美國三大電視網（ABC、NBC、CBS）12 年間（1967—1978）播出的 1548 部電視劇。結果表明，80%的節目含有暴力場面。"儘管一般人在日常生活中被捲入暴力的可能性時間不到 1%，但人們通過電視所感受到的卻遠遠超過了現實。而且，越是長時間接觸電視的人越是明顯，而這與性別、學歷、年齡等無關。"

　　作為研究的一部分，他們還提出三個問題以測定電視觀眾對現實世界的感覺：（1）"你認為大多數時候人們是樂於助人，還是只關心自己？"（2）"你認為大多數人一有機會就占你便宜，還是會試圖公平待人？"（3）"一般來說，你認為大多數人值得信任，還是認為與人打交道越小心越好？"調查結果表明，接觸電視越多的"電視迷"比起一般的電視觀眾更傾向于把這個世界看得更陰暗、卑鄙，而且更不相信別人。

在此基礎上，格博納提出了著名的"涵化"理論（也稱"培植性分析"理論），他論述道：

> 電視節目是一個講授故事的集中系統。它是我們日常生活的一部分。它的戲劇、商業廣告、新聞和其他節目將一個相對連貫的公共形象和資訊的世界帶入了每個家庭。從孩提時代起，電視節目就培植了我們的偏愛和愛好，而在以前這些偏好是從其他的第一手來源獲得的。電視跨越了文字和地域的屏障，成為社會化和每日資訊（多為娛樂形式）的第一手來源，否則，我們將還是個異質社會。成批製作的電視資訊和電視影像的重複幀面圖像匯成了一個公共象徵性環境的主流。[18]

既然電視被認為是觀念和價值"認同"的文化代理人，格博納把這種效應稱為"涵化"或"培植性"。

顯然，涵化理論不是個別媒介的"效應"理論，而是對整個文化的闡述。其核心內容是：（1）電視反映了占主導地位的文化和社會價值觀念，並且借助表述的符號現實，"培植"電視觀眾關於社會現實的態度和觀念；（2）電視具有明顯的涵化力，在潛移默化中影響人們對現實世界的判斷。例如，人們看電視的時間越多，對社會現實的觀念就越接近他們所看的電視內容。

80年代以後，格博納和他的同事們又對"涵化"理論進行了提升，提出了三個更富有建設性的命題：

---

18 [美]斯蒂文·小約翰，《傳播理論》，（北京：中國社會科學出版社，1999），頁588-599。

（1）、"主流化"。"涵化"理論的創立者發現，電視對整個社會文化具有擴散性影響。由於電視對不同人群的廣泛聯結，其結果是使整個社會人群的觀念趨於"同質化"或"主流化"。調查表明，收看電視較多的人，儘管他們彼此的人口指標（如年齡、性別和教育程度）不盡相同，但他們對"真實"世界的看法卻比較接近，並且通常會共用某種觀念。

（2）、"共振"效應。觀眾在收看電視節目中，如果欣賞的畫面情景與自己在日常生活中的經驗不謀而合時，兩者的疊加會加強電視資訊的作用，從而提高"涵化"的效果。這在格博納他們看來，是電視中的世界與真實世界的"重合"，引發了"共振"效應。"共振"效應有利於一種標準化的意識形態及世界觀的"認同"。

（3）、"公共表達"的形成。早在 1967 年，格博納就曾指出大眾傳播的重要性。不過，他所根據的並非"大眾"的概念，而是基於"已經超出面對面以及任何其他個人式仲介互動的限制之外的、廣泛而制度化的公共表達"的社會變化而言。在格博納後來的著作中，他將"公開發表"（publication）（也即大眾媒介的主要活動）看成是一種"私人的認知體系向公共認知體系的轉變"，這種轉變也創造出一種新興的"集體思想"的基礎。麥克盧漢也曾指出類似"再部落化"效果，其中內含一個觀點："認同"性的公共表達是透過系統性以及廣泛分享的大眾媒介訊息而實現的。[19]

格博納以為，電視要為 "涵化" 以及 "文化適應" 負主

---

19 [美]Denis Mcquail，《最新大眾傳播理論》，陳芸芸譯，（臺北：臺灣韋伯文化事業出版社，2001），頁 152。

要責任。根據這種觀點，幾乎在所有的生活層面上，“人”都被“經過篩選”的社會觀所宰制，並且根據這種社會觀來塑造其信念與價值。

但是，格博納的“涵化”理論也有一個顯見的缺陷，即：他雖然認識到電子媒介具有涵化人們的觀念和價值認同之功能，但僅限於此，他沒有能夠站在哲學的高度，在人的本體意義上理解媒介涵化的潛在功能。在我看來，大眾媒介特別是電視媒介，它不僅培育了一種“主流化”的社會觀念，更具有深遠意義的是，它還影響了人們的存在的意識。它打破亙古以來人們業已建構的典型的社會空間概念，並且從根本上改造了人的社會經驗。比如，傳統上，人類經驗是由角色和社會情勢（如：年齡、性別以及社會地位等）劃分的，“私領域”（幕後）和“公領域”（幕前）之間的“壁壘”非常分明，但電視媒介則似乎不加區分地將所有社會層面的經驗都“拉”進來，並且是呈現給所有人觀看。如此一來，便不再有任何秘密存在，甚至如性、死亡或權勢等。

或許人們還記得 1998 年上映的美國影片《真人活劇》（或譯《楚門的世界》）（The Trueman Show），片中那位男主人公特魯門恐怕正是被電視媒介“涵化”的現代人的“隱喻”。美國電視機構——“全像”媒體公司以特魯門爲主角，設計了一個大型電視肥皂劇，全天候實況衛星轉播，其內容就是特魯門的每天的日常生活。他一出身就是戲中人，“海上避風港”是世界上最大的攝影棚，其中巧妙地設置了幾萬台攝影機，他的一舉一動每時每刻都暴露在攝影機和電視觀眾的窺視之下。它的製作者們聲稱：這個劇是真實的，它沒有僞造，它只有"控制"。這個表現"真實"的電視劇恰恰成為我們今日生活現實的一個象徵。

大眾傳媒的涵化力，以及現代科技似乎能呼風喚雨的魔力，越來越呈示媒體是今天主宰世界的真正的上帝之真相，而且，令人匪夷所思的是，人們也真的拜倒在它腳下，再也離不開它了。大眾傳媒徹底改變了人類的生存方式，它無孔不入，成了改造社會、創造現實的巨大力量。其結果是：

（1）人類處在後現代主義理論家利奧塔德和詹明信所指出的歷史狀態之下："表現"（representationg）和"現實"(reality)已難以截然分開，"表現"常常在代替和創造"現實"。在此條件下，"真實"成為一個最為吊詭和最不確定的概念，它就像"真人"特魯門，最為真實地生活在一個鋪天蓋地的、充滿"控制"的表現系統中，一個大眾傳媒製造的影像世界裏。[20]

（2）現代傳媒似乎塑造了"神話"，吸引每個人似乎朝著相同的資訊環境前進，不過結果卻是，當個人返身真實世界的時候，在社會或實體區域卻找不到自我，造成一種沒有歸屬感的身份"迷失"，成為經常向自身發問"我是誰"的"迷途的羔羊"。由此看來，媒介的"涵化"其實是短暫的，而不具有最終性質。

（3）大眾傳媒以它圓滑而有力之手，控制和"圈定"個人的思想、情感和生活，從而扼殺人的主體性和創造力。這使人想起當年阿多諾和霍克海默對文化工業的批判：一個標準

20　王華之，〈媒體與今日之現實〉，《讀書》，第 11 期（1998 年 11 月），頁 37。

化文化工業大規模興起的社會，已經喪失了培育自由和個性的能力。大眾媒介無疑加劇了這場時代性危機。

《真人活劇》的結尾，特魯門勇敢地走出了"海上避風港"那扇門，開始了自己的"真人"生活。這似乎預示著，在文化工業的歷史框架內，在人們重新構築和闡釋文化的過程中，仍然存在著各種個體或集體的創造和解構的可能。

面對無所不在的大眾媒介，拒絕"涵化"、返身小國寡民的原始社會既不可能，正視與超越才是求得自由、完保真身的正確之道。在這個意義上，僅僅像"批判學派"那樣猛烈抨擊媒介現況，其實並不能改變大眾媒介正在並且日益深入地主宰世界的趨勢。媒介社會已經構築起一個新的生態環境，我們必須理解這個新環境的結構與功能，並且以一種全新的生態觀來審視"人"的命題。

在一個生態層面上，麥克盧漢站在時代哲學的高度，基於媒介的每一次變革都是"人體的延伸"的慧眼洞察，對現代電子媒介社會作出了"傷感"而不"悲觀"的預測性判斷。他指明，上述因媒介"涵化"而引發的"災難"，並不是媒介的幽靈作祟，而是人們缺乏"媒介經驗"和不瞭解"新環境性質"造成的後果。他還預言，"電子革命將恢復人的感官平衡"，並且把人帶進一個"重新部落化"的"地球村"：

> 你明白，部落是無所不包的，但是這並不意味著，它要求人們都服從一個模式。畢竟，一個大家庭裏多樣性比較多，服從性比較少，比數以千計的家庭組成的都市混合體的情況要好得多。村子裏偏離中心的情況揮之不

去；在大都市裏，千篇一律、沒有個性反而成了風景線。電子技術鍛造的地球村激發出更多非連續性、多樣性和區別性，它比原來機械的、標準化的社會要略勝一籌。實際上，地球村必然要求產生最大限度的不同意見和富有創造性的對話。千篇一律和萬馬齊喑並不是地球村的標誌。可能性更大的情況是，既有衝突不和，又有愛與和諧 —— 這是任何部落民族慣常的生活方式……今天的年輕人歡迎重新部落化，無論其感覺是多麼的模糊。他們把重新部落化當作從文字社會的千篇一律、異化和非人性化中解脫出來的辦法。[21]

麥克盧漢的觀點似乎不落言筌，卻發人深省。不過，麥克盧漢所憧憬的類似于中國古代詩人陶淵明描畫的"桃花源"的理想境界，有個重要前提不能忽略，即"地球村必然要求產生最大限度的不同意見和富有創造性的對話"。因為一個獨白的自我、隔絕的自我、孤立的自我、封閉的自我、不向他人傳播的自我，儘管仿佛如同"真人"，但實際上已喪失社會"自我"的屬性。人具有安排關係的能力，惟有"轉向他人"的交流與對話，即不僅"被涵化"還"涵化"人，帶著自己的心靈探尋，甚至帶著疑問和惶惑，帶著尊敬和自我尊敬，傾聽他人的意見，並且參與到對話之中。所以，對待媒介的理想態度是，看看他人都說了什麼，理解別人，也重新理解自己，才可能達成精神上的相遇。

---

21 埃里克·麥克盧漢，《麥克盧漢精粹》，何道寬譯，（南京：南京大學出版社，2001），頁362。

四、新媒介與社會生態

　　互聯網技術的廣泛應用和迅速普及正在引發全球性的媒體革命，人類的社會生態和人文生態環境也正在發生革命性的變化。

　　網路 —— 一種新媒介，已經影響和衝擊人類的思想和感覺的方式，給人類帶來不同以往的閱讀、交流和日常生活經驗，特別是對於正在網路環境中成長起來的年輕一代。美國 ABCNEWS 網站曾經發表過一個調查結果，該調查的主題是：請讀者用一個詞來描述現在的年輕一代，得到的結果是，用來描述年輕一代的詞有 120 多個，具有代表性的辭彙包括：

　　"微軟的囚徒"一代（"P.O.M." Generation,Prisoners of Microsoft）

　　"你有郵件"的一代("You've got mail")

　　"泡沫一代"(Bubble Generation)

　　選擇的一代(Choice Making Generation)

　　電腦一代(Computer Generation)

　　網路一代(Cyber Generation)

　　數字一代(Digital Generation)

　　".com"一代(Dot Comer's)

　　眼球一代(Generation of the Eye)

　　掃描一代(Generation Scan)

　　隨便一代(Generation Whatever)

　　為何一代(Generation Why)

　　超鏈結者(Hyper-Linkers)

　　　速食一代(Instant Generation)

　　　媒介一代(media Generation)

　　　……

　　這些詞儘管表達各異，但大多與網路有關。一位元英國的自由撰稿人 Vivien Marx 把當前由電視爲代表的傳統媒介向網路新媒介演變的趨勢，形象地比喻爲從"沙發土豆"到"滑鼠土豆"。[22]這些都表明，網路媒介已經開啓了一個全新的媒介時代。

　　每一次新的媒介革命被技術的發展催生後，都會帶來許多激動人心的嶄新前景，但這並不意味著舊的、傳統的媒介行將"告別"或衰落。超文本、數位化、地球村、人工智慧、賽柏空間、人機交互、互聯網等這些新媒介概念的出現，曾經帶給人們許多臆想，以爲新、舊媒介的之間，就是你死我活的關係。事實上，正如我們所看到的，許多不同的、現在仍然存在著的媒介形式，仍然保留了各自的特性，甚至更加興盛，一般的大眾媒介也以"公共社會生活中獨特的構成部分"這種角色存在著。所以，新、舊媒介是一種複雜的相互包容、影響的關係，最終可能呈現出"水天一色"的局面。

　　關於"新媒介"的定義，儘管眾說紛紜，但概而言之，可以稱之爲一種互動式、數位化的複合媒介。現有的研究已經從多個層面上指明它不同於舊媒介的特質：

---

22 Vivien Marx，〈One Potato, Two Potato, Couch Potato, Mouse potato〉，該文發表於 Luton 大學出版的雜誌《Convergence》1998 年冬季號。"沙發土豆"指的是那些拿著遙控器，蜷在沙發上，跟著電視節目轉的人；"滑鼠土豆"由此引申出來。

首先，新媒介具有"新"特徵。它是一種：（1）人際傳播媒介；（2）互動操作媒介；（3）資訊搜尋媒介；（4）集體參與式的媒介。

其次，新媒介是對舊媒介的延伸。新媒介透過以下方式打破印刷與廣播電視模式的限制：（1）使得多對多（many-to-many）的交談成為可能；（2）使得文化事項的同步接收、交流與再分配（redistribution）成為可能；（3）使得傳播行為脫離國家的疆界，脫離現代性的領域化間關係；（4）提供即時性的全球接觸；（5）將現代/後現代的主體置入網路性的器械中。

再次，對於"社會"而言，新媒介迅速把人們帶進一個被稱之為"資訊社會"或"網路社會"之中。按照紐曼（Neuman）的說法，這是"隱藏於一連串新技術背後的邏輯"，他說："新電子媒介的典型核心特徵是它們彼此都互有關聯。我們正在目睹一種革命：一種廣泛的、相互連結的聲音、影像與電子文本網路，將人際傳播與大眾傳播之間、公共傳播與私人傳播之間的界線變得模糊……最終的結果將會是知識的多元主義以及個人化的傳播控制。"[23]

新媒介的上述特質，改變了傳統媒介環境中人們所持有的諸多"觀念"，因此當有人用"革命"一詞來概括它所帶來的激蕩時，似乎並非一種修辭或誇張：這是一場導致資訊供大於求的革命；這是有一場資訊主權平民花的革命；這是一場使資訊的內容個人化，資訊傳播的方式人性化的革命；

---

23 [美]Denis　Mcquail，《最新大眾傳播理論》，陳芸芸譯，（臺北：臺灣韋伯文化事業出版社，2001），頁 162-193。

這是一場資訊流通完全超越國界的革命……

　　但是，當人們歡呼"新媒介"、又一次帶來"人的延伸"之時，或許拓寬的視界內，欣賞到的並不是"網上風景無限"。新媒介本身就是矛盾體，它活躍著的資訊細胞，有良性的，也有惡性的，一概都在網路上奔流。好在人具有自省能力，面對網路新環境，人們從人、社會和人文多種角度開始了反思、質詢乃至批判，列出的"問題"功能表也令人觸目驚心：

　　1、"網路泡沫"是必然嗎？互聯網作為嶄新的媒體，它的最重要特徵之一就在於它提供了"海量資訊"。不過人們還是不斷抱怨：網路供給的真正有價值的資訊並不多，所以就有效資訊而言，仍然是"供大於求"了。漫無邊際地搜索和流覽，長時間地接觸重複的、平面化的資訊，無疑是對"注意力"的巨大浪費。這裏首先要廓清"知識"與"資訊"的區別，"簡單地說，知識是人經過精心研究後的資訊，即被深度注意、處理後的資訊。一個內容提供商所承擔的，應該是知識導航和知識集成的角色。"[24]

　　2、"注意力經濟"就這樣被濫用？自高海伯（M.Goldhaber）提出"注意力經濟"概念以來，"注意力"也很快被庸俗化了。"注意力經濟"被狹窄地、功利化地理解為"以金錢換名聲"或"以名聲換金錢"的"炒作經濟"、"作秀經濟"。網路媒介受經濟利益驅動，為提高"點擊率"，常常圍繞"面子"、"名號"製作看點和賣點，而不是圍繞網站的內容建設做文章。

---

24 吳征，〈告別荒漠－新媒體與精神生態重建〉，魯樞元主編《精神生態與生態精神》，（海口：南方出版社，2002），頁 127。

　　3、"個人化"導致"荒漠化"？互聯網技術的重要特點，是它的傳輸模式不再是中央控制式的，而是分散式的。這是技術發展帶來的傳播模式變革。由此帶來的個性化"網路生存"也呈現出異樣景觀，如"一對一"、"一對多"、"多對多"的傳播在互聯網上並行不悖，聊天室代替了觀眾熱線，視頻點播代替了聽眾點播，BBS 互聯網技術導致每個人都可以低成本進入傳播業……似乎尼葛洛龐帝的著名預言 —— 網路技術終將實現"每個人都可以辦一個沒有執照的電視臺"，已經伸手可及。但是，正如以犧牲"個人化"為代價的大眾傳播會導致眼球的荒漠化一樣，聽任個人化無節制的發展，也可能導致另一種更可怕的荒漠化。有識之士已經在驚呼：

> 這種荒漠化已在互聯網上初現端倪。隨便進入一個聊天室，幾會驚異地感歎：人們的語言、情感怎麼會貧乏到如此程度？正如一位哲學家指出的，當人沒有豐富內心世界來支配其行為時，自由會迅速地蛻變為任性妄為。個人自由的重要性永遠不能勾銷社群、教化、認同感的重要性，個人的心智、情感如果沒有一種 "必要的張力"，個人就會變成毫無個性的個體。[25]

　　互聯網上絕對的 "個人化"，完全可能導致 "致命的自由" 問題。網路時代的 "無政府線上"（Anarchy Online）、權威的失落以及傳統價值觀念的顛覆，其實不可能造就一種新的文明，相反，卻有可能使文明在技術高歌猛進的表像下驚人地退化。

---

25 吳征，〈告別荒漠 —— 新媒體與精神生態重建〉，魯樞元主編《精神生態與生態精神》，（海口：南方出版社，2002），頁 127。

4、網路的"信用危機"是不是無解的方程式？隨著網路的觸角在世界各地快速地延伸，隨著越來越多的人上網衝浪，然而，人們從眾多的網站中看到的竟然是一堆堆資訊垃圾、無聊和謊言。一位美國教授曾發話：別去互聯網，那裏是一個比無聊電視節目發源地更糟的地方。正由於此，許多人在網上看到一條消息 —— 哪怕是知名商業網站發佈的新聞資訊，都要逐一求證於傳統媒體。種種跡象表明，網路媒體的確經受著信譽危機。探究原因，"一方面，這是眾多網站爲吸引注意力不得不'製造'某些轟動性新聞的結果；另一方面，也在於網站還沒有能力去辨別一些資訊的真僞，只得任虛假資訊大行其道。此外，各國政府至今尚未找到管理互聯網資訊服務的上佳辦法，也使得網路資訊發佈者在'資訊經營'時有恃無恐。"[26]

不僅如此，就像網路"病毒"無所不在一樣，新媒介帶來的"疑難病症"還是綜合性的。人們發現，幾乎每個螢幕馬賽克，都滲透著網路"無形病毒"帶來的潛在威脅，譬如，網路對政治管理帶來的衝擊，網路與人文精神之"失落"，網路帶來語言規範問題，網路色情傳播，網路與青少年精神障礙……許多社會和人文學者都曾從不同學科角度，發出針對新媒介的"盛世危言"。

"生態"一詞，似乎總在人們面臨新的困境、新的危機、新的焦慮之時，才顯得那麼重要。面對大眾傳播新一次的"開墾"而造成的"荒漠"，新媒體的閱聽人應該以更富

---

26 邢建毅，〈真實還是虛擬：互聯網四問〉，陳衛星主編《網路傳播與社會發展》，（北京：北京廣播學院出版社，2001），99頁。

有建設性的姿態，承擔起"綠化"的工作。

　　1、理解新媒介，在"人的延伸"中找回自身。

　　在資訊傳播技術的發展史上可以看出，技術工具及其社會應用歸根到底是一個適應關係。網路媒介作為正在發育的新媒介，在某種意義上說只是孤立的工具，而不能賦予它更多的理想色彩和強加的意義。[27]

　　因此，對"使用者"而言，新媒介本身並不存在固有的道德意義，而是取決於一些特定的面向和變項，以及"使用"的態度。這些變項包括：（1）互動性程度（其指標是回應或使用者向來源/傳播者"提供"東西的比例）；（2）使用者所經驗的"社會臨場感"或社交的程度（這意味著人們透過媒介運用所感受到的人際接觸的程度，也意味著"媒介豐富性"的程度）；（3）自主性程度（即一個使用者對於內容與使用是否感覺遭到控制）；（4）享樂的程度（既指給予的娛樂或享受，也指從技術本身的運用過程中所得到的潛在享受）；（5）私人化程度（與媒介以及內容的運用有關，包括個人性與獨特性的程度）。

　　鑒於以上幾個"變項"，新媒介的使用者如能認識新媒介的性質以及與"使用"的關係，從"虛擬環境"中找回自身，並使個人的心智、情感保持必要的張力，那麼人就不會在"延伸"中迷失自我。

　　2、構想新媒介形態，確立以內容、品質和特色為最高追求的媒體觀。

---

27 陳衛星，《傳播的觀念》，（北京：人民出版社，2004），頁 266。

　　網路媒體既然是作爲一種媒體存在，也就必然與其他媒體有著許多共同點。儘管先進技術爲網路媒體增添了飛翔的翅膀，儘管日新月異的技術進步，使人們產生了追趕不上的強烈感覺，甚至沒有停下來思索、品味、享受一下的閒暇，但是，“內容生產”依然是網路媒體的靈魂，品質和特色是網路媒體生存和發展的基本條件，社會效果是評判一個媒體網站辦得成功與否的客觀標準。

　　3、新媒介在開放性的環境中應重新樹立新的文化認同。

　　從傳播的觀點看，新媒介也帶來諸多變遷的徵兆：一是社會與文化的藩籬重新獲得注意力；二是政治傳播模式的潛在變化，“舊式”的訓示方法似乎不再適用；三是共同的公共領域有衰落的跡象，共同文化模式呈現出分裂的態勢。[28]

　　我們必須正視，互聯網正在造就一種新的文化。舊文化的缺陷使我們對新文化抱有幻想，以致於輕易地忽略新文化暗藏的玄機。正如一位媒體觀察家所言：“新媒體是新舊文化價值在新的技術平臺上整合的結果，是在新技術背景下新舊媒體在競爭中合作的產物。我們必須認識到：媒體的新舊是相對的，思想的源泉卻必須是常青的。分眾並不意味著散漫無羈，個性化並不排斥規範和共識。”[29]無可置疑，新媒體將使大眾媒體所造就的權威和權威體系受到挑戰，但新媒體的文化價值並非必然走向文化的“無政府主義”和價值的

---

28 [美]Denis　Mcquail，《最新大眾傳播理論》，陳芸芸譯，（臺北：臺灣韋伯文化事業出版社，2001），頁 152。

29 吳征，〈告別荒漠 —— 新媒體與精神生態重建〉，魯樞元主編《精神生態與生態精神》，（海口：南方出版社，2002），頁 134。

"虛無主義"。每一種文化在肌體更新過程中都有它的難題，都可能面臨自我毀滅的危機。新媒介賦予了我們時代新的契機，即我們應如何在一個開放性的環境，去重新創造"經典"、"權威"——樹立起新的價值認同和文化認同。

這或許是一種艱難的努力，但我們必須走出"荒漠"，重建人類富有生機的"精神家園"。新世紀初，我們正面臨著規劃和建設人類精神生態的新課題。

後　記

　　雖然還不到"在回憶中生活"的年齡，但不期而至的往事盤點，總是停留在青少年時代的鄉村記憶。與此相關，回想自己的學術經歷，從最初從事鄉村民俗調查，到攻讀中國現代文學碩士、博士，以至後來從事媒介與大眾文化研究，我的學術關注點和興趣點，似乎也始終與鄉村民俗和大眾文化有關。或許，在我身上活躍的"草根性"，先天地決定了本人的學術路向。

　　本書彙集的十五篇論文，大致是我以往對這個領域進行調查、研究的成果。它關涉的主題有民間傳播、鄉村民俗、民間文學和文學藝術的"草根性"問題等等。這些論文，有的在大陸著名學術刊物，如《民間文學論壇》、《民俗》、《學術研究》等發表過，有的則在各種學術研討會上交流、宣讀。

　　近幾年來，無論臺灣或大陸，"草根文化"研究已成爲"顯學"。現今，學術界不僅把傳統的鄉村民俗研究看作"草根之學"，而且還將大眾文化，包括民間寫作(如自辦報刊)、網路文學、女性文化等，均看作是草根文化研究的物件。這裏也取其廣義，把女性文化和大眾文化也作爲論述內容，以凸現"草根"的多種涵意。

　　本書的出版，仍然要歸功於臺灣政治大學中文系的張堂錡先生。多年來，張先生奔波與臺灣、大陸、港澳等地，積極推動學者之間的交流，在這個意義上，張先生已不僅是一位才學卓著的學者，而且是我們都非常欽佩的兄長。我本人曾多次得到張先生的關照和提攜，有多本著作和多篇論文都由他一手操辦，才得以在臺灣出版、刊行。這種感情，我始終把它看作是人世間難得的真情。

　　臺灣文史哲出版社社長彭正雄先生，始終以弘揚優秀傳統文化爲己任，甘願"爲他人作嫁衣裳"。像他這樣的出版家真是罕有，從來就只講道義不計盈虧，以他對中華文化的拳拳之心，贏得臺灣、大陸的學人們衷心的讚譽和崇敬。這裏，本人還感謝文史哲出版社的編輯們，正是他們高效率、嚴謹和細緻的作風，才促成本書順利地印行出版，在此一併致謝。

徐 國 源

2005 年 7 月 28 日於蘇州